本書では大きく「3つのこと」を説明しています
〜全体像がひと目でわかる"地図"〜

※このシートを切り取り、時折見返しながら本書を読むと、より"短時間"でより"深く"内容を理解できます。

- まえがき
- 本編
  - PART 1 なぜ、うまく説明できないのか？
    - 理由 その① 「動作」にできていないから
    - 理由 その② 「数」を増やしすぎるから
    - 理由 その③ 「すべてカバー」しようとするから
  - PART 2 「わかりやすい説明」の条件とは？
    - ポイント その① 数を「3つ」に絞ること
    - ポイント その② 「構造」にはめること
    - ポイント その③ 「動作」で伝えること
  - PART 3 どうすれば、説明上手になれるのか？
    - 方法 その① 「3つの視点」で「情報を整理する」
      - 「3C」
      - 「時間・空間・人」
      - 「アタマ・ココロ・カラダ」
    - 方法 その② 「3つの構造」で「考えをまとめる」
      - 「Why・What・How」
      - 「過去・今・未来」
      - 「松・竹・梅」
    - 方法 その③ 「3つの動作」で「伝える」
      - 「ポーズをとる」
      - 「見せる」
      - 「指さす」
- あとがき

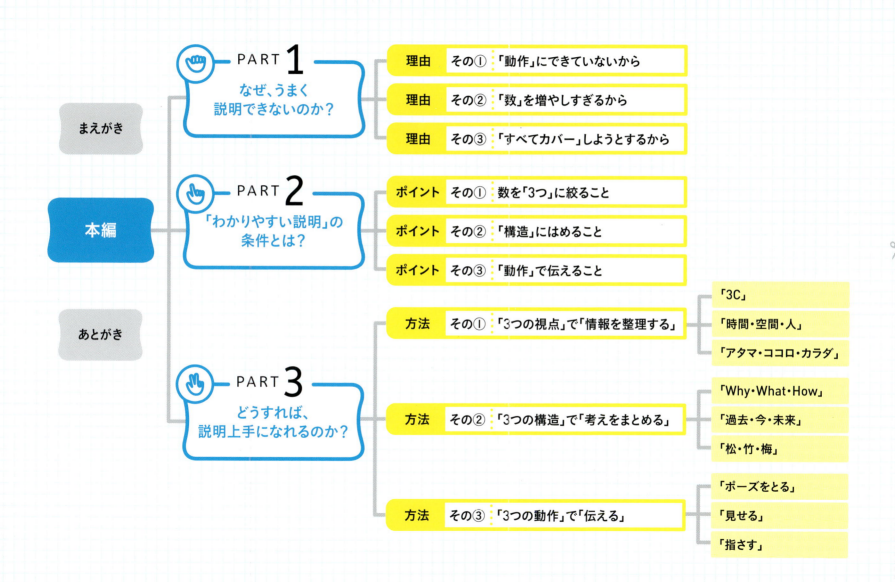

「わかりやすい説明」を“サクサク量産”できる「1枚」思考整理法：「エクセル1」

必要なもの　紙　3色（緑・青・赤）のペン

紙とペンで「情報を整理する」

1

紙を1枚用意し、上下左右に半分、さらにその半分と緑色のペンで線を引く

2

20××.4.× トヨタで学んだ「紙1枚!」にまとめる技術			

左上のフレームに緑色のペンで「日付」と「テーマ」を書く

3

20××.4.× トヨタで学んだ「紙1枚!」にまとめる技術	エクセル1	テーマ	残業減らせる
思考整理	ロジック3	山登りの図	見て考える
見せる	動詞と動作	優先順位づけ	
指さす	フレーム	質問を重ねる	

残りのフレームに青色のペンで情報を書き出す

8フレーム　32フレーム

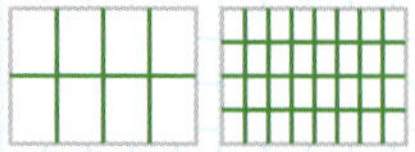

※内容のボリュームに合わせてフレームの数を変えてもよい

整理した情報をもとに「考えをまとめる」

重要だと思うものに赤色のペンで丸をつける

20××.4.× トヨタで学んだ「紙1枚!」にまとめる技術	エクセル1	テーマ	残業減らせる
思考整理	ロジック3	山登りの図	見て考える
見せる	動詞と動作	優先順位づけ	What Why How
指さす	フレーム	質問を重ねる	実践サポート特典

簡単に「3つ」に絞れないときは……

20××.4.× トヨタで学んだ「紙1枚!」にまとめる技術	エクセル1	テーマ	D 残業減らせる
思考整理	ロジック3	山登りの図	見て考える
見せる	A 動詞と動作	C 優先順位づけ	C' What Why How
指さす	フレーム	質問を重ねる	実践サポート特典 B

自分なりの“かたまり”に置き換えて数を「3つ」に近づけていく

「AとB、そしてC'です」

あとはそのまま「伝える」だけ！

私がこの本のなかで重要だと思ったポイントは、主に3つあります。

それはAとB、そしてC'です。

まず、Aについてですが……

〈「エクセル1」の応用例〉

部下指導の例

20××.4.× 知識面の問題は?（アタマ）	心構えの面で問題は?（ココロ）	行動面での問題は?（カラダ）	まとめ
入社年数浅い	飽き性	報告が遅い	レスポンスを早く
計算が苦手	思い込みが強い	メールのみの連絡	仕事は丁寧
過去に営業経験なし	チャレンジ精神	残業が多い	失敗してもいいのでチャレンジを
○○学部出身	楽観的	資料をよく失くす	
○○プロジェクト担当	勉強好き	遅刻が多い	
		仕事は丁寧	

会議のまとめの例

日付とテーマ

それぞれポイントを3つずつ書き出す

会議のまとめ	会議の目的は?（Why）	何が決まった?（What）	今後はどうする?（How）
P1?	残業削減要請の情報共有	強制退社 ②	20時消灯
P2?	削減案の検討	早帰りデー	① 水曜日に定時退社
P3?	実施策を決める	業務の見直し	業務リストの提出

新製品の提案の例

「比較項目」を書き出す

いちばん通したい案を真ん中に

20××.4.× 新製品の仕様提案	A案（松）	B案（竹）	C案（梅）
サービス内容	4つ	3つ	2つ
価格	500万円	300万円	100万円
サービス期間	1年	半年	3か月
担当者	5名体制	3名体制	1名体制
メールサポート	24時間対応	日中対応	なし
出張サポート	毎月	2か月に1回	なし

「いまの説明、わかりやすいね！」と言われるコツ

浅田すぐる
Suguru Asada

サンマーク出版

まえがき

「目からウロコが落ちるような、わかりやすい説明でした！」

「内容はもちろん、説明そのものが参考になった。最後まで引き込まれた」

「これまで受けた講義のなかでも確実にベスト3に入る内容です。実践的という意味ではナンバーワンだと思います。非常に価値のある時間でした」

これは、私の講義を聞いた方から実際にいただいたコメントの、ほんの一例です。

独立・起業して5年目――現在、私は**「どうすれば、伝わりやすいコミュニケーションを量産できるか？」をテーマに、セミナー・研修・講演など、さまざまな場で大勢の方を前に「説明する」仕事**をしています。

おかげさまで北は北海道から南は九州、沖縄まで、私の話に耳を傾けてくださる方は増え続けています。**その数は、人前で話すようになったこの4年間で5000名を突破し、400名超の会場がたちまち満員御礼になるケースも少なくありません。**何より、ほんとうに多くの方が講演後、冒頭に挙げたような感想を寄せてくださっています。

また、説明の前段階となる具体的な思考整理法をまとめた拙著『トヨタで学んだ「紙1枚!」にまとめる技術』は、幸いにも**シリーズで20万部を超えるベストセラーとなり、5か国で翻訳もされました。**今なお、韓国、台湾、タイといったアジア圏をはじめ、広く海外の読者の方から、反響のメールをいただいています。

しかし、**いまでこそこうしたテーマを中心に仕事をしている私が、元からコミュニケーションや説明が得意だったかというと、まったくそんなことはありません。むしろ、大の苦手と感じ、長い間コンプレックスを抱いていました。**

幼少期は、人見知りでいつも親の後ろに隠れていましたし、人前で発表するような授業では何を話したらいいのかがわからず、かすれるような小声でしか話せないような学生でした。

極めつきは、就職活動のときです。

当時は就職氷河期だったので仕方がないといえば仕方のないことなのですが、20社以上を受けて内定がゼロという、危機的な状態でした。エントリーシートは通っても、**面接の際に自分が説明したいことをうまく伝えられず、いつも一次面接か二次面接で落とされるという状況が続いていました。**

4月中旬には、すべての企業の選考に落ち、傘もささずに雨のなかをうなだれて歩いていたことを、いまでもよく覚えています。**「絶望」という2文字を見ると、自然とあのときの景色や雨の匂い、音、水の冷たさや歯ぎしりの感触までもが蘇《よみがえ》ってきます。**

ところが、「あるシンプルな動作」

を実行したことをきっかけに、私の説明下手は一変しました。

むしろ周りからは「説明上手」と言われるようになり、面接での受け答えも、自信に満ちあふれた明瞭なものへと激変しました。

結果、内定ゼロの危機に直面していた人間が、当時、文系理系問わず就職人気ランキング1位だったトヨタからの内定をもらうことに成功したのです。

さらにトヨタ入社後も、**日々「説明上手」なトヨタマンたちに囲まれて仕事をするなかで、「わかりやすい説明」を量産するための本質を学ぶ機会に恵まれました。そ**

の結果、担当業務で日本一の評価を獲得することもできました。

その後、転職のタイミングでも「あるシンプルな動作」を積み重ねたことで、今度は社会人教育の分野で日本一のビジネススクールであるグロービスに入社。独立したいまでは「わかりやすい説明」をテーマに研修・講演などの仕事をしています。

それだけでなく、本を出版する機会までいただき、月間ながらビジネス書ランキングで日本一を獲ることもできました（全国出版協会調べ）。

こうした経歴をご紹介したのは、決して実績を披露したかったからではありません。ただ**「わかりやすい説明」のスキルを身につけることで、就職・転職・独立という3つのキャリアステージすべてにおいて「日本一」の評価にアクセスすることさえできる**という、可能性の大きさをお伝えしたかったのです。

説明下手だったころの自分は、いまだに恥ずかしくて思い出したくない過去です。

ただ、**いまになって感謝するのは、そのときのダメな自分がいたからこそ「どうすればもっとうまく説明できるのか？」と、自らに問い続けることができた点です。**

この「問い＝アンテナ」が立っていなかったら、私はビジネスコミュニケーションを独自の観点から見つめ、学び、まとめ上げることなどできなかったでしょう。ましてや、説明のコツを人に教える仕事に就くことなどありえなかったでしょう。

かつては伝えることが極めて苦手だった私が、なぜ、一転して数多くの感激のコメントをいただけるような「説明上手」に変わることができたのか？

そして、変わるために私が実行した「あるシンプルな動作」とは？

そのヒミツを、本書を読んでくださるあなたに、それこそ明解なカタチでこれから「説明」していきたいと思います。

そこからあなた自身が、自らの説明スキルを高めるきっかけを見つけ、これからの人生に存分に活用していただけたら、これ以上の喜びはありません。

浅田すぐる

CONTENTS

『「いまの説明、わかりやすいね！」と
言われるコツ』

PART 1

なぜ、うまく説明できないのか？

〜理由は、3つあります〜

PART 2

「わかりやすい説明」の条件とは？

～ポイントは、3つあります～

ポイント

その① 数を「3つ」に絞ること
その② 「構造」にはめること
その③ 「動作」で伝えること

PART 3

どうすれば、説明上手になれるのか？

～方法は、3つあります～

PART

1

なぜ、うまく説明できないのか？

〜理由は、3つあります〜

なぜ、
うまく説明できないのか？

理由

その①

「動作」に
できていない
から

「動詞」と「動作」の違いとは？

「どうすれば『わかりやすい説明』ができるようになるのか？」

その疑問に答えるために、まず前段階として**「そもそもなぜ、うまく説明できないのか？」という理由**を明らかにしておきたいと思います。

細かく挙げて説明していくとキリがないため、ここでは私が代表的なものと考えている「3つの理由」に絞って掘り下げていきましょう。

まず、1つ目から……。

突然ですが、あなたに1つ質問があります。

「『動詞』と『動作』、この2つの違いは？」

こう問われて、うまく説明できるでしょうか。といっても、唯一の正解があるわけ

ではありません。実際、これから述べることは、辞書に書かれている定義ではありません。あくまで私的な解釈ですが、私は「動詞」と「動作」の違いを特に重視して、次のように分けています。

- **動詞：その言葉だけを見聞きしても「何をしたらいいか」がわからない表現**
- **動作：その言葉を見聞きすれば「どう行動したらいいか」がわかる表現**

たとえば、巷《ちまた》のビジネス書を手に取ってみると、じつに多くの書籍が「仕事をするうえで**『目的を意識する』**ことが大切だ」と主張しています。あなたも一度は見聞きしたことがあるメッセージなのではないでしょうか。

その説明、「動作」に移せますか？

では、ここでもう1つ質問です。

いったいどうすれば、「目的を意識する」ことができるでしょう？

しばらく時間をとって、ご自分なりの答えを用意したうえで、次のページに進んでください。

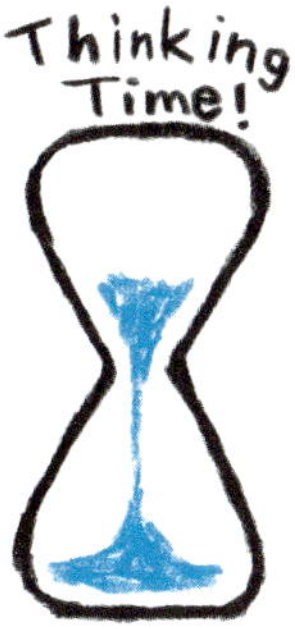

さて、いかがでしょうか。

答えはいろいろと考えられますが、ここではシンプルに、次のようにしておきましょう。

目的を紙に書いて、繰り返し見る

ポイントは、この表現を見聞きした相手が「行動」できるか、「実践」できるか、「習慣化」できるかです。すなわち「動作」に移せるか。

ふだん、研修などの際にこのワークをやっていただくと、**およそ8割の受講者が、こういった「動作」レベルの回答をすることができません。**

「まずは戦略の策定をして……」だとか「目的？　それはビジョンやミッションでいうところの……」、あるいは「要はＫＰＩ次第で……」など、もやもやとした「動詞」レベルの話を始めてしまいます。

どこかのビジネス書や経営書に出てきたような表現を引っ張り出し、なんとなく意味がありそうなことを話している——そんな雰囲気だけは十分伝わってきます。

ただ、聞いているほうからすると、その方が実際何を言いたいのかはさっぱりわかりません。

ワーク終了後、私はこう質問します。

「相手の話を聞いてみて『これなら目的を意識できそうだ』という人は？」

すると、ほとんどの方が顔に苦笑いを浮かべ、手は挙がりません。そんな光景を100回以上目にしてきましたが、これがまさに**「動詞でごまかしている」自分、すなわち「動詞人間」であることを体感してもらうための、貴重な気づきの機会**なのです。

ビジネスの世界は「動詞」表現が8割!?

もう一度言います。「目的を意識する」という表現は「動詞」であって、これだけではいったい何をしたら「目的を意識」できるのかがさっぱりわかりません。**「する」**

という語尾のせいで、一見行動できそうな気にはなってしまうのですが、実際には思考も行動もフリーズせざるをえない。これが、「動詞」の特徴です。

ところが、日々仕事をしていると、こうした「動詞」表現と頻繁に遭遇します。

以下は、**これまで受講者の方々からお寄せいただいた「動詞」表現の例の一部**です。

- お客様目線で考えよう！
- 相手の立場に立って考えよう！
- まずは相手に関心を持つことからスタートだ！
- 認識を徹底していこう、周知徹底、浸透が大事
- 仕事では、優先順位をつけることが重要だ
- もっとよく考えろ、徹底的に考えろ、考え抜け！
- 当事者意識、危機感を持て、主体性が求められる

あなたにも、きっと心当たりがあるのではないでしょうか。

「相手の立場に立って考えよう」「認識を徹底していこう」「優先順位をつけることが

重要だ」……など、これらはすべて相手をフリーズさせてしまう「動詞」表現です。

統計的にいえる話ではありませんが、**体感としては、仕事のコミュニケーションのおよそ8割は「動詞」で占められているのではないか、**というのが私の認識です。

もしかするとあなたも「動詞人間」かもしれない

さて、本題はここからです。

これだけ「動詞」が大量に氾濫していると、さらに深刻な問題が発生します。

それは、**あまりにも「動詞」表現が当たり前となっているせいで、多くの人が『動詞』では何の説明にもなっていない」という事実に気づいていない、**という問題です。

以前、ある著名な方の講演会に参加した際、その方は一貫して「相手に関心を持ち、相手の立場に立って仕事をする」ことの重要性を強調されていました。

ですが、**残念ながら最後の最後まで「どうすれば相手に関心を持てるのか」「どう**

すれば相手の立場に立てるのか」といった「動作」レベルの言及はありませんでした。

おそらく、講演者ご本人が「これでは説明になっていない」ということを自覚できていない「動詞人間」のように見受けられました。

ところが、会場は大盛況。「たいへん感銘を受けました」「明日からさっそく仕事に取り入れます」といったコメントが聞こえてきました。

すなわち、受講者の多くもまた「このメッセージだけでは明日以降の働き方に何も変化を起こせない」ということに気づいていなかったのです。

「動詞」表現がもたらす3つの問題

ここまで、いかに「動詞」と「動作」の違いが認識されないまま「動詞」表現が日常にまん延しているかという問題についてお伝えしました。

そこで本書を通じて、まずは以下の3つの事実に気づいてください。

□ビジネスコミュニケーションの多くが「動詞」でごまかされている

□**プロによるビジネス書やセミナー、講演ですら「動詞」でうやむやになっている内容がたくさんある**

□**「動詞」表現が多すぎるために、「これでは行動できない」という感覚が麻痺《まひ》した「動詞人間」がビジネスの現場で大量発生している**

いかがでしょう。「動詞人間」のイメージが少しつかめてきたでしょうか。

それではあらためて、先ほど明記した「目的を意識する」の「動作」表現を見てみましょう。

> 目的を紙に書いて、繰り返し見る

じつにあっけない表現です。でも、だからこそ、だれでも実践することができます。

だれもが行動に移せるほどシンプルで、カンタンな表現。「実践できる」という文脈があって初めて、価値を見出《みいだ》していける。これが「動作」の最大のポイントです。

「会社の年度方針」を確実に「意識する」方法

「動作」について、より具体的に**「会社の年度方針」のケース**で考えてみましょう。

毎年、年度初めになるとその年の方針が発表される企業は多いと思います。あなたが上司・先輩社員だったとして、部下・後輩社員に「もっと目的＝方針達成を意識して仕事をしてほしい」と思ったとしましょう。

あなただったら、どのように指示・指導をするでしょうか？

「もっと目的を意識して働きなさい！」では、じつは何も言っていないのと同じだということは、すでにお気づきのはずです。

一方、先ほど挙げた「動作」表現ならどうでしょうか。

「目的が書かれた紙」とはすなわち「方針がまとめられた紙」のはずですから、あとはこれを「繰り返し見ればいい」という話になります。

たとえば、私なら次のようにアドバイスをします。

「一人前に仕事をしたかったら、まずは常に目的を意識して働けるようにならなきゃならない。ではいったいどうすれば、目的を意識できるか――。

年度初めに方針の紙が配られたと思うけど、あれ、いまも持ってる？　まさかもう行方不明ってことはないよな……。きっと机の引き出しで眠ってるだろうから、**それを取り出して、仕事で持ち歩いてるクリアファイルにいつも忍ばせておくといいよ。**

そして、打ち合わせの合間や移動中にスキマ時間ができたら、**ほんの30秒でいいから、その紙を取り出して何度も見返してみてごらん。**たとえ記憶力に自信がなくても、4月、5月、6月……と3か月も続ければ、さすがに方針の内

容が頭に入るから。

そうして頭に方針が入った状態で会議に参加すれば、明らかに方針とはズレたことが話されている、あるいは方針と異なる基準で判断が下されようとしている、といったマズい状況にも気づけるようになるよ。

あとは、それを指摘して会議の軌道修正をやっていけば、あっという間に〝その他大勢〟から抜け出した存在になれるよ。『そんなカンタンなことで……』と安易に退けずに、まずは淡々とやってみてごらん」


このように「方針の紙を繰り返し見て、現場で気づけるようになった状態」こそが、「目的を意識して働けている」状態そのものといえるのではないでしょうか。

「目的を意識する」を知識としてただ「知っている」だけで終わらせず、実際に行動に移すために必要なのは、こういったシンプルであっけない「動作」に変換していくことなのです。

仕事ができるかどうかの「違い」は、じつはこうした基本的なことの実践によって生じています。ところが残念なことに、そのことが腑《ふ》に落ちている方は、必ずしも多くないのが実情です。

あなたはここまで読んでみて、どんなことに気づいたでしょうか？

無責任な「ちょっとこれ、まとめておいて」を言わないために

「目的を意識する」という課題を前にしたときに「戦略」「ビジョン」「コミットメント」といった抽象表現に終始し、具体的な「動作」にまで落とし込めない。
あなたの職場には、このような「動詞人間」がどれくらいいるでしょうか？

私自身、これまで何度となく直接顔を合わせる形で「動詞人間」にお会いしてきました。そうした方たちと数多く接しているうちにわかったのは、**「動詞人間」の方々の多くが、そもそも「動作」の価値を低く見ているよう**だということです。

彼らは、えてして知的な雰囲気が演出できる言い回しを好みます。「ビジョナリー」「ゼロベース」「ポジショニング」など、ビジネス書に出てくる横文字表現が大好きです。**逆に、知的な雰囲気からほど遠いシンプルな表現、すなわち「動作」レベルの表**

現を用いる人を評価しようとせず、なかなか耳を傾けようともしません。

それでも、本書でお伝えしているような内容のワークや講義に触れてもらううちに、多くの方が次第に「自分は『動詞人間』だったのだ」と、気づいていきます。

たとえば「動詞で指示するのは、人材育成上の配慮だから問題ない」といったコメントを、これまで何度かもらったことがあります。

上司が部下に指示を出すとき、あえて「ちょっとこれ、まとめておいて」というように「動詞」表現にしておく。そして「どうまとめるのか」は本人に自主的に考えさせる、というわけです。

以前、質疑応答で直接このコメントをもらった際、私は次のように回答しました。

「なるほど、たしかに育成上の配慮として、あえて動詞表現でぼやかすということはありえるでしょう。ただ、1つだけ確認してほしい『条件』があります。

それは**『仮に自分が、動作で表現しろ、と言われたらできるか？』**ということです。**たとえば『ちょっとこれ、まとめておいて』という指示を出すのであれば、ご自分でも『自分だったらどうまとめたらいいか』という答えは、少なくとも持っておく**

べきだと思います。

自分でもどう動作化したらいいかわからないことを丸投げしても、相手は教育の一環とはまず思ってくれないでしょう。信頼関係を損なうだけです」

その後、この受講者の方は「動詞」に偏っていたご自身のコミュニケーションを自覚し、「一生ものの気づきを得ることができました。ほんとうにありがとうございました」という感謝の言葉を寄せてくださいました。

うまく説明できない理由は「ここ」にあった

さて、「動詞」と「動作」についていろいろと述べてきましたが、お伝えしたかったことはいたってシンプルです。

なぜ、うまく説明できないのか？

その理由は、そもそもこれまで「わかりやすい説明の仕方」自体を学んだことがなかったから。あるいは、学んだことがあったとし

でも、その内容が「動詞」レベルだったからです。そのために、あなたの説明自体も「動詞」レベルになっていた可能性が高いといえます。

もし、これまで学んだ説明の方法が「動作」レベルまで具体化されていなかった場合、仮に実践できなかったとしても、あなたが悪いのではありません。**「動詞人間」であることが自覚できていない、提供側の責任**です。

あるいは、もし、あなたの説明がうまく伝わらなかったのだとしたら、そして、特に相手の行動を促すことができなかったのだとしたら……その理由は、説明内容が「動詞」レベルだったからかもしれません。

「動詞」と「動作」。
たった1文字の違いですが、その差がもたらす結果は歴然です。

まず、うまく説明できない理由の1つ目をご紹介しながら、ビジネスコミュニケーションの世界で何が起きているのかについて、私なりに問題提起をさせていただきました。

あなたの日々の「説明」はいかがでしょうか？　ひとしきり振り返ってみたうえで、次の項目へと進んでください。

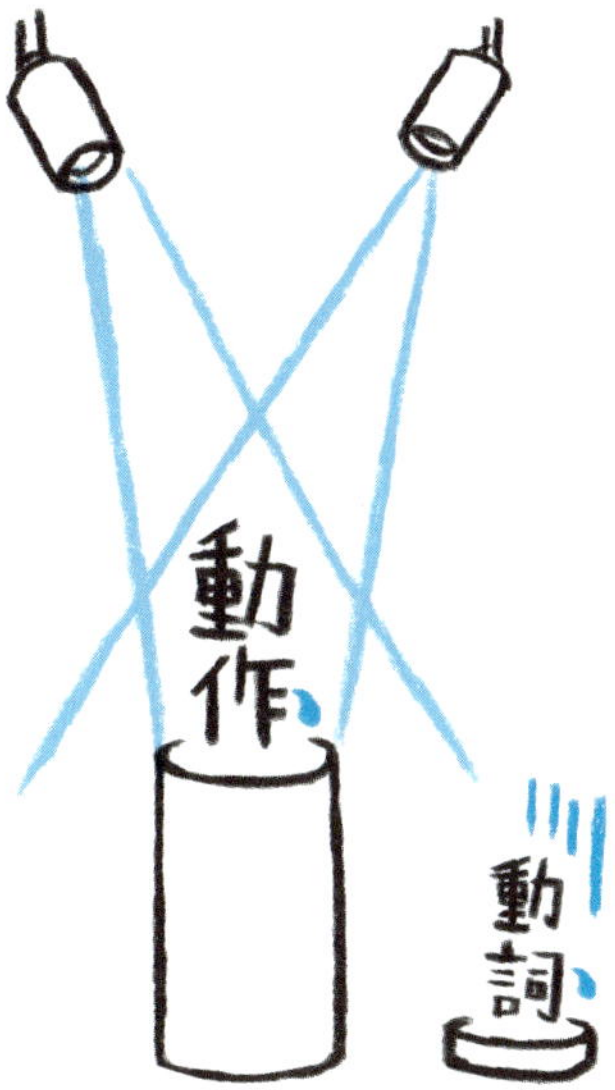

なぜ、
うまく説明できないのか？

理由

その②

「数」を増やしすぎるから

「知っている」と「使いこなせる」はまったく違う

企業研修の場で、私はよくこんな質問を投げかけます。

「いきなりですが、『5W1H』を口に出してすべて言えますか？」

試しに、あなたも一度、ここでこの問いの答えを考えてみてください。答え終わってから、次のページを開くようにしてくださいね。

さあ、いかがだったでしょうか。無事にすべて言えたでしょうか。

まず、６つすべて口に出して言えなかったという方へ。

なぜ、言えなかったのでしょうか? **「5W1H」というキーワード自体は、学生時代から何度か見聞きして「知っている」はずです。**社会人になってからも、仕事を進める際の基本フレームワークとして教わった方も多いでしょう。**ところが、いざ暗唱してみてくださいと言われると、これが意外にできない。**そんな自分に直面した方も多いはずです。

一方で、６つとも言えたという方へ。

当然、そういう方もたくさんいらっしゃるとは思うのですが、そんな方に、追加でもう１つ質問をさせてください。

「6つともスムーズに、ひと息で言うことができましたか?」

秒数でいうと、だいたい3秒以内です。さて、いかがでしょうか。

こう問われると、「いや、そこまでスムーズではないです……」という方が大半だと思います。

研修の際にこのワークをやってもらうと、多くの方が「えーっとまずは……」という具合に指を折りながら、時間をかけて挙げていくケースが大半です。紙に書き出しながらなんとか網羅しようとする方もいらっしゃいます。

いずれにせよ、**淀《よど》みなくスッと「When、Where、Who、Why、What、How」が言える方はほとんどいません。**

そのことを体感してもらったうえで、最後にもう1つ、こう質問します。

「はたして、あなたは『5W1H』をどれくらい使いこなせているでしょうか？」

こう積み上げて話を進めると、ほとんどの方が気づかれます。きっとあなたもハッとなったのではないでしょうか。これだけ聞き覚えのあるフレーズであるにもかかわらず、自分が思っているほどには「5W1H」を使えていない、という事実に。

にもかかわらず、「いまさら5W1Hの話なんか持ち出されてもなあ……」と、半ば読み飛ばそうとしていませんでしたか？

もし、あなたもほかの方と同様、**知っているはずの「5W1H」を大して使いこなせていない**という認識に至ったのであれば、ぜひこの問いともお付き合いください。

「なぜ、自分は『5W1H』を使いこなせないままなのか？」

この問いの答えに進む前に、もう1つ、別の話を紹介しておきます。

大ベストセラーである、スティーブン・R・コヴィー氏の『7つの習慣』（キング・ベアー出版）、あなたはご存じでしょうか？

この本では、成功に必要な次の7つの習慣が紹介されています。

第1の習慣　「主体性を発揮する」
第2の習慣　「目的を持って始める」

第3の習慣　「重要事項を優先する」
第4の習慣　「Ｗｉｎ‐Ｗｉｎを考える」
第5の習慣　「理解してから理解される」
第6の習慣　「相乗効果を発揮する」
第7の習慣　「刃を研ぐ」

非常に著名な本なので、研修のときなどに読んだことがあるか尋ねてみると、たくさんの手が挙がります。

けれども「では、『7つの習慣』をすべて言える人はいますか？」と聞くと、ほとんどの手が下がります。全員が手を下ろすケースも頻繁にあります。

私が研修をさせていただく企業は、だれもが知っているような著名企業が多く、いわゆる「優秀なビジネスパーソン」であろう方も多数参加されます。にもかかわらず、**「7つの習慣」という言葉自体は知っていても、具体的に「その中身が何か」まで記憶に残っている人はほとんどいない、というのが実態なのです。**

ちなみに、これまで数千名の方にこの質問をしてきましたが、実際に7つすべてを言えたのは「たった1人」でした。

なぜ、「その情報」を生かせないのか？

さて、「5W1H」と「7つの習慣」、この2つが浮き彫りにしたメッセージはどちらも同じです。

すなわち、**大半のビジネスパーソンが、仕事で有益、あるいは必須とされる情報について「見聞きしたことはあるが覚えていない、そして使えていない」という事実です。**

おそらく、これまで数多くの講師が、講義や書籍を通じて「5W1H」や「7つの習慣」の重要性を語ってきたはずです。ところが、こうした説明は、残念ながら受講者には伝わっていなかったことになります。

なぜ、このような問題が起きているのか？

ずいぶんと引っ張りましたが、引っ張ったのは、**その理由が拍子抜けするほどあっ**

けないからです。

答えはいたってシンプルです。それは、

「数」が多すぎるから。

私がさまざまな受講者の方々と接してきて痛感するのは、**「説明をする側」と「説明を受ける側」、どちらもこの「数」への配慮を軽視しすぎている、**という点です。

結果、ついつい数を増やして説明してしまう、あるいは数が増えても自分は平気だと思い込んでしまう、いわば**「過剰人間」**になってしまっているのです。

「説明をする側」の立場でいえば「情報の数を安易に増やしすぎるから、説明しても伝わらない」。

反対に「説明を受ける側」の立場でいえば「多すぎる数の情報をそのまま覚えようとするから、いつまでも実践できない」ということです。

さて、あなたはいかがでしょうか。もしかすると、知らず知らずのうちに「過剰人間」になってしまってはいませんか？

記憶力に自信がなくても大事なことを覚えられるコツ

まえがきでも述べましたが、私はもともとコミュニケーションが苦手でした。**そして、それと同じくらい、暗記も苦手でした。**大人になり、記憶力は衰える一方です。

思い返せば学生のころから「頻出問題を100個覚えれば、この科目は大丈夫」とか、「50の解法パターンを暗記すればOK」などと言われると、もうそれだけでその先生が嫌いになるような生徒でした。丸暗記を苦痛と感じる人間だったからです。**覚えられなければ、当然、実践もできません。**ところが、そんな趣旨のことを言い返そうものなら、返ってくるのは「努力しろ」「根性だ」「だったらあきらめろ」といった八方塞がりになるようなアドバイスばかりでした。

ただ、そうはいっても――です。

それで停滞したままでは、いつまでも前に進めません。そこで私は、早々に身のほどをわきまえ、頭を切り替えることにしました。

すなわち、**どんなときも「自分の手に負える数、すなわち『3つ』以内に自分でまとめ直す」ということを、自身の思考習慣のベースとしていった**のです。

たとえば「5W1H」であれば、これを6つそのまま覚えることは放棄し、代わりに当初から聞き馴染みのあった「いつ・どこで・だれが（When、Where、Who）」の3つだけを使いこなせるように練習しました。

3つであれば、記憶力に自信がなくても覚えられますし、実践上も取り扱えます。その後、残りの「なぜ・何・どうやって（Why、What、How）」で考える習慣も鍛えていきました。

こうした世界観を反映した具体的な思考整理法は、のちほどPART3で「動作化」して説明しますのでご安心ください。

現時点でのポイントは**「3つを超えた数（4つ以上）を、一度にまとめて扱おうと**

しない」という「脱・過剰人間」の世界観です。「5W1H」や「7つの習慣」で現実を体感してもらった以上、「説明をする側」としても「説明を受ける側」としても、このことをもっと重視すべきだと気づいてほしいのです。

「あれもこれも……」ではなく「あれ」と「これ」と「それ」にまとめる

「いや、そんなことはふだんからやっていますよ」と感じている人もいるかもしれません。ただ、もしほんとうに「多すぎる数をまとめて扱わない」ことが基本になっているのであれば、「7つの習慣」をすべて覚えるのも苦にはならないはずです。

いったいどういうことかというと、**「脱・過剰人間」は「7つの習慣」というタイトルを見ただけで、いったん白旗をあげます。**

どんな名著であったとしても、提示されている情報の数が多すぎる場合は、取捨選択しない限り頭に残らないからです。頭に残らなければ、どれだけすばらしい読書体験ができたとしても、意識的に実践することは難しくなってしまいます。

一方、もし「仕事で役立てる」というゴールから逆算して捉えることが当たり前になっているなら、「7つの習慣」の場合、「7つ」をなんとか「3つ」程度の引き出しに分類し直せないか、と当初から考えるはずです。**多すぎる情報は、自分なりの基準でかまわないので、とにかく「3つ」にくくり直してしまう**のです。

たとえば「7つの習慣」は次のような3つのグループに分けられます。

《第1グループ》
第1の習慣「主体性を発揮する」
第2の習慣「目的を持って始める」
第3の習慣「重要事項を優先する」

《第2グループ》
第4の習慣「Win-Winを考える」
第5の習慣「理解してから理解される」
第6の習慣「相乗効果を発揮する」

《第3グループ》

第7の習慣　「刃を研ぐ」

これで「3つ以内」に収まりました。じつをいうと『7つの習慣』では、書籍内ですでにこの3つの分類がされています。「脱・過剰人間」であれば、「目次」のページを眺めた時点で、第1グループに「私的成功」、第2グループに「公的成功」、第3グループに「再新再生」と、それぞれキーワードが振り分けられていることに気がつくはずです。そして、「7つ」ではなく、まずは「私的成功」「公的成功」「再新再生」の3つから覚えよう、という読解になるわけです。

ただ、私自身は「私的成功」「公的成功」「再新再生」ではピンとこなかったため、自分なりに覚えやすいよう、次のように言葉を換えて頭に入れました。

1つ目の引き出し……「自分が成功」するための習慣（3つ）

2つ目の引き出し……「みんなで成功」するための習慣（3つ）

3つ目の引き出し……以上の習慣を継続するために「自己投資」に励む習慣（1つ）

こうすれば、だれかに内容を聞かれた場合も、たとえば次のように説明できます。

「『7つの習慣』には、人生で成功するための習慣が書かれていて、まずは大きく3つに分けることができます。

1つ目は、自分が成功するための習慣。2つ目は、みんなで成功するための習慣。そして3つ目は、先の2つの習慣を継続するための自己投資の習慣です」

ここまでで切り上げてもいいでしょうし、「では『自分が成功するための習慣』とはどのようなものか。具体的には3つありまして……」などと「3つ以内」のボリュームを引き継ぎながら、さらに掘り下げていってもいいでしょう。

こうした読解が当たり前になっているからこ

そ、結果的に7つすべてを覚えることも、7つすべてについて説明することも可能になります。ですが、そのカギは決して「7つ」ではなく「3つ以内」なのです。あなたは、どれくらい実践できているでしょうか？

あなたの周りにも「過剰人間」がいませんか？

あらゆる情報を「3つ以内」でくくるようにする――。より正確には「まとめ直す」といったほうがいいかもしれません。なぜなら、**残念ながら前述の「動詞人間」と同じくらい「過剰人間」も私たちの身近にたくさんいる**からです。

以前、あるセミナーを受けた際、講師の方がこう喝破していました。「ビジネスの世界は『5W1H』では足りない。最低でも『6W3H』が必要だ」と。

要は「5W1H」に「Whom（だれに）」「How many（どのくらい）」「How much（いくら）」を加えたキーワードなのですが、「5W1H」もおぼつかないビジネスパーソンが多数派という現実は直視されず、今日もこうした「過剰」な数が、実践に重きを置く社会人教育の世界で猛威を振るっています。

この例に限らず、あなたの周りにこんな人はいないでしょうか?

一度に5個も10個も指示を出すような上司、そもそもポイントがいくつか明示せずにダラダラと説明し始める部下、「ポイントは3つです」と言いながら、あとになってあれもこれもと付け足して脱線しまくるプレゼンター……など。

こうした説明を聞いて理解できなかったとしても、悪いのはあなたではありません。「過剰」な数で説明してくる相手のほうに非があるのです。

だから、自己嫌悪に陥ったり、自信を失ったりする必要はありません。ただ事実として認識すべきは、残念ながら「3つ以内」にして手渡してくれる説明スキルの持ち主が、あなたの周りにそれほど多くはいないということです。

だからこそ、**まずは自分自身で「3つ以内にまとめ直す力」が必要となるのです。**

そのやり方はPART3で詳しくご紹介します。

まずは「3つを超える数を『過剰』とする感覚の麻痺」が、「わかりにくい説明」が量産されてしまう原因なのだという認識を持ってください。

なぜ、
うまく説明できないのか？

理由

その③

「すべてカバー」しようとするから

「説明」はどこまですればＯＫなのか？

今回も、質問からスタートさせてください。

『クルマの機能』といえば、何を思いつきますか？」

例によって、ご自分なりの答えを考えてから次のページを開いてください。

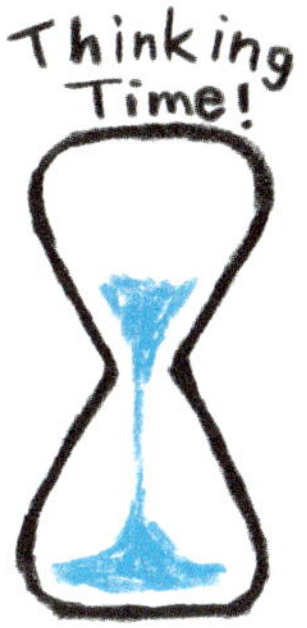

私を含め、自動車業界の出身者は、この質問に対してほぼ金太郎飴《あめ》のように**「走る、曲がる、止まる」の3つ**だ、と答えます。

たしかに「走る」ための動力装置（エンジン）と、その動力を「曲がる」という観点で制御する操舵《そうだ》装置（ハンドル）、「止まる」という観点で制御する制動装置（ブレーキ）があれば、クルマというモノは成立するといえます。

ただ、ほんとうにこの3つだけかというと、たとえば「運ぶ」という機能も選択肢としては考えられるでしょう。あるいは、電気を「溜《た》める」機能も注目されていますし、これからは「つながる」という、ＩｏＴ的観点をふまえてクルマを再定義する動きもあります（「ＩｏＴ（Ｉｎｔｅｒｎｅｔ ｏｆ Ｔｈｉｎｇｓ）」とは、あらゆる製品がインターネットに接続されていくという意味のビジネスキーワードです）。

要するに、クルマの機能について本来はほかにもいろいろとあるわけです。「走る、曲がる、止まる」は、クルマの機能を「すべてカバー」しているわけではありません。ただ、**「網羅しているわけではないが、代表的な3つとしてはこれで十分だろう」とだれもが了解しやすいものが、先ほどの「走る、曲がる、止まる」なのです。**

実際、この話は「自動車の３つの基本性能」といわれ、業界では常識とされています。

「言いたいことがまとまらない」本当の理由

この事例から、ぜひ知っていただきたいキーワードがあります。

それは**「網羅性」**と**「代表性」**。

説明が苦手な方の大半が、「代表性」ではなく「網羅性」優先で説明してしまっているために、うまくまとめて伝えることができないのです。

どういうことか、もう少し具体的に説明しましょう。

試しに、紙を1枚用意し、そこにあなたが扱う商品やサービスの特徴を書き出してみてください。まずは、できるだけたくさん書くようにしましょう。

ひと通り書き出したら赤ペンを持ち、こうご自身に問いかけてみてください。

「このなかで『3大特徴』を選ぶとしたらどれだろう？」と。

該当するものを丸で囲む、あるいは複数の言葉をまとめられる別のフレーズが浮かんだら、その言葉を余白に書き出すようにしてください。

いずれにせよ、最終的に「この商品・サービスの特徴は次の3つです」といえるところまでまとまったら、あとはすべて捨ててOKです。

いかがでしょうか？　ふだん、セミナーでこのワークをやってもらうと「6つでもいいですか？」「どれも大事なので3つには絞れません」と音を上げる受講者がいらっしゃいます。

そうした方に何度もお会いし、観察や対話を続けたところ、**「まとまらない原因」は要するに、「捨てられないから」**だということがわかってきました。

そして「捨てられない」最大の理由こそが、「代表性」という発想を持たないまま「網羅性」

だけで考えているからだ、という結論に行きつきました。

情報を「捨てる勇気」を持ちなさい

「限られた数ではすべてをカバーできない。だから、まとまらない」

あなたには、こうした固定観念がどれくらいあるでしょうか？

「ある程度代表していれば、とりあえずこのくらいでいいいや」「どうせ覚えきれずにほとんど忘れてしまうのだから、3つくらいでまずはよしとしよう」という、いい意味で妥協できる柔軟性がどれくらいあるでしょうか？

先ほどご紹介した「走る、曲がる、止まる」も、必ずしも網羅しているわけではありません。

ただ、その一方で、**網羅はしていないがある程度「代表」はしている。その3つですべてをカバーするわけではないが、重要な点は概《おおむ》ね押さえている、まずはこれだけ頭に入れておけば0K——これが「代表性」という考え方です。**

前項で「説明が苦手な人はすぐに過剰な数で説明しようとしてしまう」という「過

剰人間」について話をしましたが、当然、こうした「過剰人間」は「3つにまとめる」ことが苦手です。その大きな理由が「代表性」という感覚が麻痺した「網羅人間」になってしまっているからなのです。

この傾向が強い人ほど「これだけではまだ網羅できていない、だからこの3つだけを選んではいけない。説明もしてはいけない」などと言っては頭を抱えます。

ですが「端的にまとめて説明する」ことが得意な人は、そもそもそんなところで悩んではいないのです。数を増やしても、どうせ忘れ去られておしまいです。

「網羅性」による説明は自己満足であって、相手のためにはならない。だったら「この3つでOKとする」ことを、臆せずやってもいいのです。

この話をすると、「端的にまとめて話をすることが苦手だと感じている人」の多くが「目からウロコが落ちた」というコメントをされます。

易しく書いているため一読ではピンとこないかもしれませんが、それくらい「網羅性」と「代表性」は「説明下手」から脱出するためのカギとなる概念なのです。

「わかりやすい説明」をするうえで優先すべきは「網羅性」より

も**「代表性」。**「これで大枠は押さえられているからいいや」という感覚で「この3つでよし」とする。そう自分に〝許可〟を出すようにしてください。

「いや、その許可がなかなか出せないんです……」という方もご安心ください。PART3の内容を実践してもらえば、自然とできるようになるはずです。

「絞る」ことで「できる」ようになる

「網羅性」にこだわる人というのは、えてして余計な情報を捨てることを「もったいない」と感じがちです。

しかし、いまは情報過多の時代。たとえこちらが望んでいなくても、情報がどんどん入ってきます。それらをうまく活用するには、余計な情報はきっぱりと捨て、削ぎ落としていく必要があるのです。

それはたとえば「クローゼットのなかの服」と同じようなものです。

服はどんなにたくさん持っていても、それを着る自分のからだは1つです。服は着てこそ持っている意味があります。つまり、一着一着の服を活用するには、必要にし

て十分な着回しができるだけの適度な量にすることが大事です。

情報も同じで、活用できて初めて意味をなします。そして、活用するには適度な量まで減らす必要があります。そのカギが「網羅性は捨てる」ことなのです。

私自身、このことを実感したエピソードがあります。

今回は「3つ」ですらありません。より極端に、たった「1つ」に絞った例です。

以前、私は願望実現に関する講座を音声教材で受けていました。6か月のプログラムだったので、かなりの情報量でした。知的好奇心も満たしてくれる楽しい講義で、受けているときは「あれも覚えておきたい、これも実践したい」

と思う内容でした。

それから十数年経《た》ったいま、正直、内容の多くは忘れてしまっています。ただ、いまも記憶に残り、今日までずっと実践していることがあります。

それはたった1つ、**「いまできることをやる」**――「実現したい願望や目標があったら、それを達成するために『いまできることを淡々と積み上げる』」というメッセージです。

このメッセージは、当然このプログラム全体を「網羅」したものではありません。ですが、間違いなくこのプログラムを「代表」するメッセージの1つではありました。だから、この一点に絞って、それこそ「できること」を積み上げていったのです。

たとえば、本の出版をしたいという願望があったら、とりあえず原稿を書き始めてみる、どんな出版社があるのかネットで調べてみる、あるいは本の出版経験がある人に話を聞く、などといったことです。**すぐに願望達成に直結しなかったとしても、考え込んで停滞している暇があったら、淡々と「いまできることをやる」のです。**

実際、出版を志した私が最初に手をつけた「いまできること」は、毎日コツコツ、ブログやメールマガジンを書くことでした。

これは私なりの感覚ですが、あまりにも直球なもの――たとえば出版であれば「企画書を出版社に持ち込むこと」など――は避け、**あえて近からず遠からず、巡り巡って願望達成につながるような活動をコツコツと続けたのです。**

その結果、編集者の方からコンタクトがあり、ほんとうに出版が決まりました。

この目標がかなったのは、元をたどれば、先の教材で学んだ内容から「いまできることをやる」というメッセージに絞って、地道に実践を続けたからです。

膨大な情報のなかから「あれもこれも」ではなく代表的な「これ」だけを残し、あとは捨てる。その代わり、その1つだけは繰り返し実践する。

それで念願の出版が実現でき、しかも日本一を獲得したり、シリーズ20万部を超えるベストセラーになったりしたわけですから、すべて「網羅」していなくても何ら問題はないといえるのではないでしょうか。

仮に、このプログラムの内容をすべて暗記することにエネルギーを費やしていたとしたら、おそらくこのような結果は得られなかったと思います。

「網羅性」に囚われてしまうのは「わかるかどうか」で捉えているからです。そうではなく、「実践できるかどうか」を優先すれば、「動作化」「3つ以内」と並んで、代表的なものに絞り込むという「代表性」の価値観にも気づけるのではないでしょうか。

【PART1のまとめ】

PART1では「なぜ、うまく説明できないのか?」について、「動詞人間」「過剰人間」「網羅人間」の3つのタイプを引き合いに出しながら、その理由を説明してきました。

補足しておくと、当然ながらこの3つの事例とそこから導き出される理由は「なぜ、うまく説明できないのか?」のすべてを「網羅」しているわけではありません。

「相手が知っている言葉を使って説明していないから」「比べながら説明していないから」「言葉ばかりで、体感してもらうような説明方法を取り入れていないから」……など、ほかにも理由はいくらでも挙げられるでしょう。

それでも、本書ではあえて「3つ」に絞りました。なぜか? ――理由は、もうおわかりですよね。

「なるほど！」

——本書の構成自体からもそんな実感を抱いてもらったところで、次のＰＡＲＴに進んでいきましょう。

PART

2

「わかりやすい説明」の条件とは？

〜ポイントは、3つあります〜

「わかる」ってそもそもどういうこと？

ＰＡＲＴ１では「うまく説明ができない理由」として、次の３つの要因を挙げました。

- **「動作」にできていないから（動詞人間）**
- **「数」を増やしすぎるから（過剰人間）**
- **「すべてカバー」しようとするから（網羅人間）**

「できない理由」がわかれば、それに１つずつ対処することで「できる」状態に変えていくことができます。すなわち「わかりやすい説明」の力を身につける大きな手がかりとなります。

では、具体的にどうすればよいのか？

その方法を明らかにする前に、本ＰＡＲＴもまず、質問から始めさせてください。

「そもそも『わかる』とは何でしょうか？」

「わかる」について、あなたなりに定義してみてほしいのです。
ひとしきり考えたら、次に進んでください。

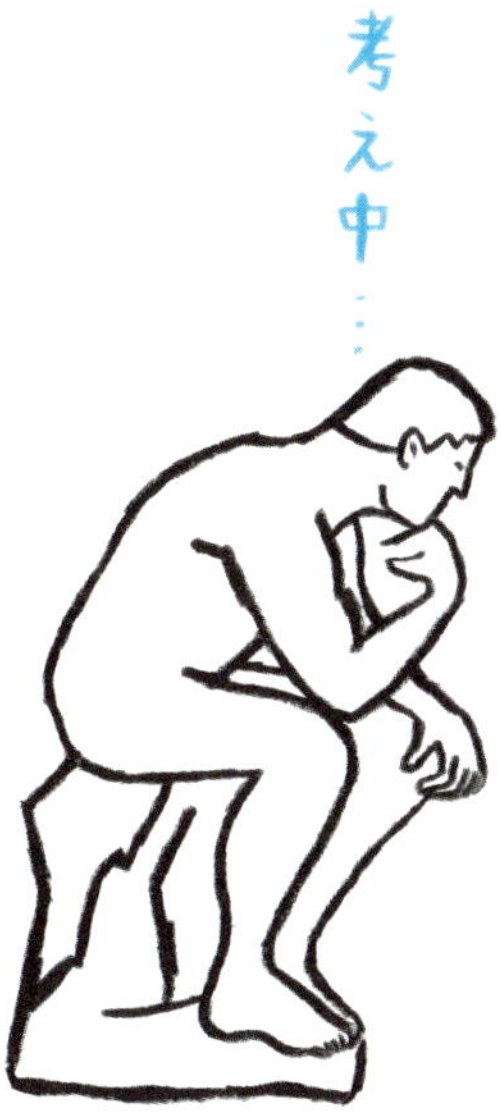

いかがでしょうか。おそらく多くの方が「急にそんなこと言われても……」という感想を抱いたと思います。そして**「わかる」という言葉について、そもそもよく「わかっていない」という事実**に気づかれたのではないでしょうか。

「わかる」という言葉についてよくわかっていないのに、「わかりやすい説明」も何もあったものではありません。言われてみればその通り、という感じだと思いますが、このことを自覚しているビジネスパーソンは、決して多くはないようです。

私のお気に入りの本の1つに『わかったつもり』（西林克彦／光文社）があります。この本を読んでみると「言われてみれば当たり前だけれど、多くの人が見落としてしまっている『ある事実』」に気づくことができます。

その事実とは**「『わかる』にはキリがない」**ということ。

たとえば、1冊の本を読み終えた瞬間は、それなりに「わかった」という感覚になると思います。

ですが一度本を閉じ、内容を3か月間実践したあと、あらためてその本をもう一度読んでみたとしましょう。

あなたはより深く、その本の内容を理解できたはずです。そしてきっと、こう気がつくでしょう。1回目の「わかった」は「わかったつもり」にすぎなかった、と。

「あのとき、十分理解したつもりになっていた自分の読みの浅さが恥ずかしい」――そう感じる人もいるかもしれません。

このように**「わかった」とは概して、あとから振り返ると「わかったつもり」にすぎない状態のため、ある時点での「わかった」は、決して「すべてを理解した」ことにはなりえない**のです。

さらに、2回目の「よりわかった」も、3回目、4回目の「わかった」と比べればやはり「わかっていない」ということになり、この感

覚はどこまでもイタチごっこを続けていくことになります。

「『わかる』とは、キリがないもの」

この定義を、まず頭に留《とど》めておいてください。

いかに「わかったつもり」になってもらうかが重要

一方、「わかる」という言葉についてよくわかっていなかったとしても、私たちは「わかりやすい」「わかりにくい」などとふだんから感じ、話をしています。

先ほどの定義をふまえると、それらはすべて「わかったつもり」にすぎないわけですが、それでも私たちは選択や決断や行動を積み重ねて、日々仕事を進めていかなければなりません。「キリがないから」と言っている場合ではないのです。

そこで**「わかりやすい説明」を実践していくためには、本来キリがない「わかる」について何らかの方法でキリをつけ、相手に「わかったつもり」になってもらう**必要があるわけです。

ただ、くれぐれも誤解してほしくないのは、これは人をだますとかごまかすといった類の話ではないということです。そもそも「わかる」に終わりがない以上、どこかの時点で「わかった」としてもらうしかないのですから。

だからこそ、「わかったつもり」になってもらえるよう、説明する側から積極的に仕掛けていくのです。

「わかりやすい説明」の3つの条件

以上をふまえたとき、「わかりやすい説明」の条件とはいったいどうなるのか？

これも、細かく挙げればキリがないため、PART1のポイントに即して、代表的な3つのキーワードに絞ってお伝えしましょう。

まず、1つ目が**「3つ」**です。

本PARTの流れで補足すると、私たちにはもともと、要素が「1つ」や「2つ」だけでは、なかなか「わかった」という納得レベルにまで達しにくい傾向があります。「これだけでは『キリ』をつけられない」となってしまうのです。

したがって、PART1の内容をふまえていえば、絞るべき要素の数は「3つ以内」でもかまわないのですが、**さらに理想的な形として「ちょうど3つ」を目指してほしい**のです。

「AとBとC」というように要素を「3つ」挙げて説明されると、とたんに「もう十分」という心境になり、「キリ」がつけられるようになるでしょう。これが反対に「4つ以上」の数になると、いつまでも「キリがつけられない」状態に溺れてしまうことになります。だから、**いったん「3つ」にしようと決めたら、できる限りその数に着地できるように努める**のです。

具体的にどうやって「3つ」にしていくのか、という方法については、PART3であらためて詳しく扱います。


次に、2つ目のキーワードが**「構造」。**

これはどういう意味かというと、**思考整理やコミュニケーションの世界では、これまで積み上げられてきた知見のなかで「この構造にはめて説明すれば、よほどのこと**

がない限り『わかった』と言ってもらえる」、そんなパターンが存在します。

たとえば、私たちがよく身近で耳にする例が「三大〇〇」です。

三大欲求、三大料理、三大祭り……なかには「三大がっかり」などというものもありますね。「〇〇」に当てはまるジャンルにおいて、特に主だったものを3つ取り上げて紹介するという「構造」です。

これは言い換えれば、PART1でご紹介した「代表性」となります。なぜなら**「この構造にはめてしまえば、ある程度代表的なものはカバーできる」という安心感が得られる**からです。

こうした便利な構造を用いることで「わかった」という感覚を相手に抱いてもらいやすくなり、「わかりやすい説明」の量産も可能になってきます。

では、そのパターンとは……これも、PART3で紹介していきます。

最後に3つ目が **「動作」** です。これはPART1でもお伝えした通りなので、これ以上の説明は不要でしょう。

これまでも「こうすればわかりやすい説明になりますよ」「この伝え方でOK」といったことを説いたビジネス書は、多数存在しています。しかしながら、その多くが「動詞」レベルの説明に留まっているため、実践できるかどうかは読者に丸投げというところが多分にありました。

結局、**もともと「動詞」レベルでも自分なりに解釈して行動できてしまう人は問題ない一方で、そうでない人は本を読んでもいつまでも変われないという矛盾**をはらんでいます。

多くの読者はそもそも「(動作レベルで実践)できなくて困っている」ために本を読むわけですから、「動詞」レベルの説明に終始する本に、はたしてどれだけの価値があるのか――私には疑問に感じられてなりません。

さて、ここまでの内容をふまえてポイントを整理すると、次のようになります。

「わかりやすい説明」の条件とは？

ポイント

その①
数を「3つ」に絞ること
（脱・過剰）

その②
「構造」にはめること
（脱・網羅）

その③
「動作」で伝えること
（脱・動詞）

PART3でこれらのポイントの実践法を明らかにしますが、その前の準備運動として、本PARTでは「わかりやすい説明」のもっとも基本的な型を「動作」でご紹介したいと思います。

「説明」は3つのステップからできている

本PARTの冒頭で「そもそも『わかる』とは?」について考えていただきました。もう1つ「わかりやすい説明」の要素である「説明」について「そもそも……」を考えるとどうなるか——。

「そもそも『説明』とは?」

私が主宰する〝「1枚」ワークス〟というビジネススキルの動作(=型)を体系的に学べる教育プログラムでは、「説明」する際、受講生の方に次のような3つのステップを踏んでください、とお伝えしています。

ステップ1：情報を整理する
ステップ2：考えをまとめる
ステップ3：伝える

膨大な情報から、まずはベースとなる「情報を整理する」。

その情報を使って「3つ」「（代表性の高い）構造」などを手がかりに「考えをまとめる」。

そして、これらの準備をふまえたうえで「伝える」。

この3つのステップを踏めば、質の高い「説明」を量産できる、

というわけです。

「ゴチャゴチャ」を「スッキリ」に変えるには

それではまず「情報を整理する」ステップについて、具体的な「動作」をご紹介していきましょう。

「なんだかよくわからない」「頭のなかがゴチャゴチャしている」「うまく整理できない」……こうした「物事をうまく整理できない」状態は、日常でも頻繁に起こります。

これがつまり「情報の整理」ができていない状態なのですが、「デスクに山積みになった書類」や「部屋中に散らかった服」など目に見える状態とは違って、対象が目に見えない「情報」は、どこから手をつけていいかがわかりません。

ただでさえ身の回りの「目に見えるもの」を片づけられずに悩んでいる人が数多くいることを考えると、「目に見えないもの」の整理がいかに難しいかは容易に想像がつくでしょう。

そこでまず、**頭のなかのゴチャゴチャを、目に見えない状態から目に見える状態へ、すなわち「見える化」する必要があります。**

効率的に「情報を整理する」とっておきの方法

どうすれば**頭のなかを「見える化」**できるのか？

PART1でお伝えした「動作」の条件、覚えているでしょうか。

「だれもが行動に移せるほどシンプルで、カンタンな表現」でしたよね。そのことをふまえて、次の1行をご覧ください。

紙に書く

いかがでしょうか。
もちろん、ただ漠然と「紙に書く」だけでは効率的に「整理」はできません。私はふだん、次の3つの要素からなる技法を提唱しています。

- **「1枚」の紙に、**
- **「フレーム」を書いて、**
- **「テーマ」を決めて埋める**

マイクロソフトのパソコンソフトに「エクセル（Microsoft Excel）」がありますが、この技法も「1枚の紙を、あたかもパソコンソフト・エクセルの画面のように扱う」という意味にちなんで**「エクセル1《わん》」**という名称で呼んでいます。

効率的に情報の整理ができるフレームワーク「エクセル1」は、具体的に次のような手順で活用します。

1 ノートなどの紙1枚に、緑色のペンで8〜32個程度の「フレーム」を書く（たとえば16フレームの場合、上下左右に半分、さらにその半分と線を引けばフレームを作成できます）

2 左上のフレームに、緑色のペンで「日付」と「テーマ」を書く。なお、日付はあとから探すときの検索性を高める重要な情報になるため、必ず書くようにしてください

3 頭のなかにある情報を、青色のペンで残りのフレームに書き出していく（原則として、1つのフレームに入れる情報は1つ）

「エクセル1」のつくり方

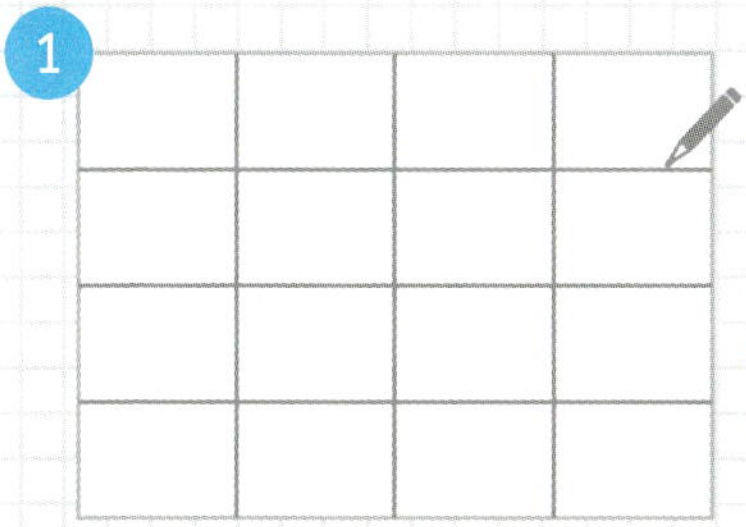

紙を1枚用意し、
上下左右に半分、
さらにその半分と
緑色のペンで
線を引く

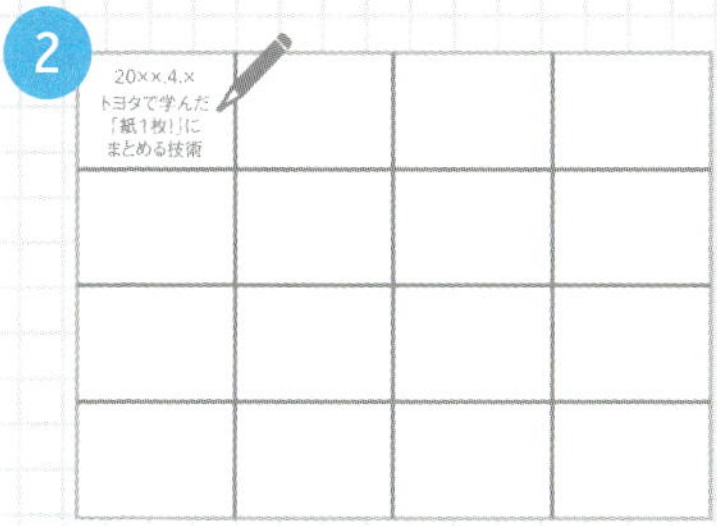

左上のフレームに
緑色のペンで
「日付」と「テーマ」を
書く

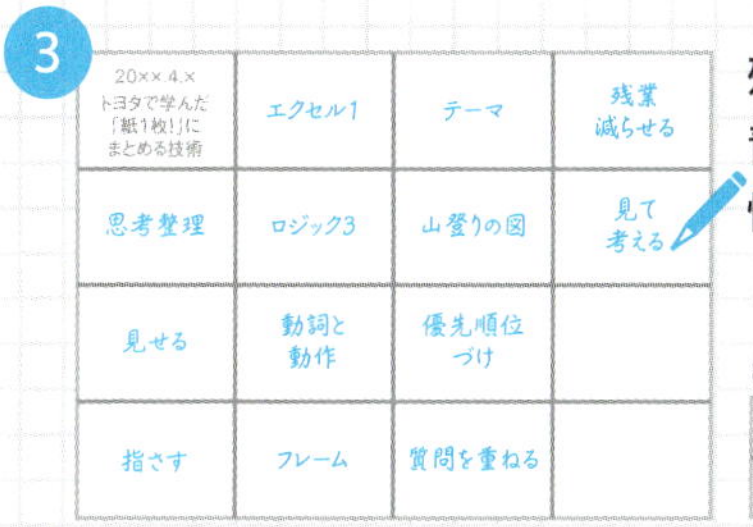

残りのフレームに
青色のペンで
情報を書き出す

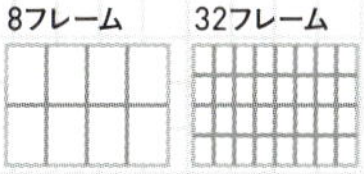

※内容のボリュームに合わせて
フレームの数を変えてもよい

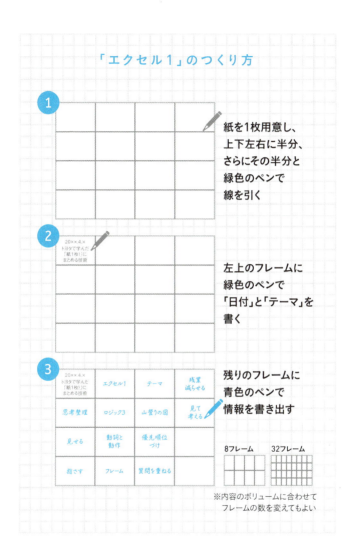

基本的な手順は、まずこの3つです。すべて、だれもが即実践可能な「動作」に変換されていることがポイントです。

たとえば「読んだ本の感想」。ここでは拙著『トヨタで学んだ「紙1枚!」にまとめる技術』を例にご説明しましょう。

「エクセル1」を用意し、印象に残ったキーワード、フレーズ、線を引いた箇所などを思い出しながら、フレームにどんどん書き込んでいきます。

このとき、すべてが埋まらなくても大丈夫ですが、最低でも半分の8フレーム以上が埋まることを目標にしましょう。

逆に、明らかに15フレーム以上が必要になりそうな場合は、さらに縦線を4本引いて、32フレームで作成してもらってもかまいません。

さらに4本横線を引けば64フレームにすることも可能ですが、そこまで増やしてしまうと、今度は整理する情報が増えすぎて取り扱いが難しくなってしまいます。

今回の目的は、「わかりやすい説明をするための思考整理」ですから、くれぐれも「数を追う」という「網羅性」観点に陥らないようにしてください。

フレームのなかにひと通り記入できたら、これで「情報を整理する」という動詞の

「動作化」は完了です。

「え？　たったこれだけ？」と思う人もいるかもしれません。あまりにカンタンすぎて不安に感じる人もいるでしょう。

でも、実際にやってみると、「たったこれだけ」でも、頭のなかの整理がかなり進むことが実感できるはずです。

情報の並んだフレーム全体を眺めてみると「あれ？　思ったよりこの著者はそんなに多くのことを語っていないな」とか、「自分にとって大事なのはこの部分だけだな」などと、これまで気づけていなかったことが見えてきます。

頭のなかでゴチャゴチャとうずまいていた情報が、シンプルに「見える化」されるのです。

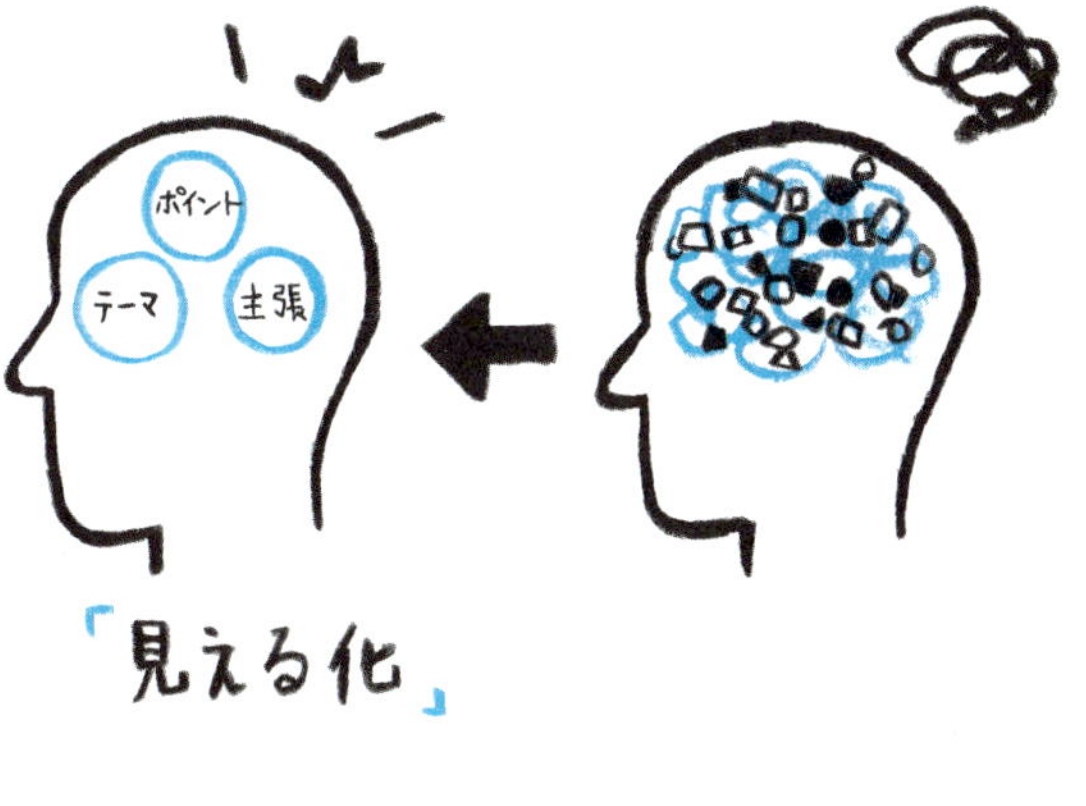

まだ、ピンとこないという方へ。

本書の「まえがき」で、就活時に「あるシンプルな動作」を実行した結果、私が劇的に「説明上手」になれたと述べたことを覚えているでしょうか。

じつは、そのときの「あるシンプルな動作」こそ、「紙に書き出して、見える化する」だったのです。

具体的には、故・杉村太郎氏の名著『絶対内定』（ダイヤモンド社）のワークシートに、三日三晩かけて自分の人生を「書き出し」続けました。

シートはどれも「紙1枚」に「フレーム＝枠」があり「テーマ」に沿って記入していくスタイルでした。**構造上は「エクセル1」の要素とまったく同じ**だったのです。

この動作を繰り返した結果、「自分に関する情報」がスッキリと整理され、「気づき」の瞬間が何度もありました。自己分析がどんどん深まり、最終的にはシンプルで明確な表現になっていきました。その結果、**面接でどの角度から何を尋ねられようともスラスラ回答できる――そんな「説明上手」な自分になれた**のです。

「エクセル1」という単純なアクションそのものではなく、「エクセル1」がもたらす劇的なビフォーアフター。そこに焦点を当てていただければ「こんな単純な動作でこんなにすぐれた結果が出せるのか！」と、価値を見出《みいだ》せるはずです。

「紙１枚」に書き出す最大のメリット

ところで「どうして箇条書きではなく、わざわざフレームに情報を埋めていく必要があるのか」と疑問に思う方もいるかもしれません。

この「エクセル1」は、一見ただの表にすぎませんが、**箇条書きによるメモのような記録とは決定的に違う特徴**が1つあります。

それは**「一覧性」――すなわち、ひと目で全体がわかる、ということ。**

どんなに長い会議やセミナーでも、ひとたびこの「エクセル１」のなかに収めてしまえば、ひと目で全体を把握できるのです。

会議中にメモなどをとる場合、通常は何ページにもまたがって書くことがほとんどです。けれども、それではひと目で全体を把握できません。

この「全体を把握できる」という感覚は、「情報を整理する」うえでとても重要です。なぜなら、**私たちは全体を把握することによって、冷静にその対象と向き合い、「気づき」を得ることができる**からです。

インターネット上から何かをダウンロードするとき、画面上に出てくる「待機中」の表示を思い出してみてください。

あれも、ただマークがクルクルと回転しているより、「全体」を示すバーが出てきて「いま全体のどのくらいまで進んでいるか」がわかるほうが、格段に安心できます。

だから、仕事中にだれかを呼び出して話をするときなども、やみくもに話し始めるのではなく「いまから10分ほどで大事な話をするから聞いてほしい」と全体の目安をあらかじめ知らせたほうが、相手も安心して耳を傾けてくれます。

あるいはやるべき仕事が山積みのとき、漠然としたまま「あれもこれも……」と取り組むと焦りや不安が募りますが、「今日中にやらなければいけない仕事はあれとこれとそれ」というように全体の目安が見えると、少なくとも気持ちは落ち着きます。

情報も同じです。少なすぎても不安になりますが、多すぎるとかえって混乱し、その取り扱い方法もわからなくなります。しかし、**「エクセル1」を使って「いま取り扱う情報はこれだけ」と全体量を一覧できるようにすると、安心して冷静に情報と向き合えるようになる**のです。

はかどる人は「一発勝負」を狙わない

私は研修などで、受講者の方々にその場でこの「情報の整理」をやっていただくことがあります。「今日学んだことを、エクセル1に書き出してみてください」と。

すると、時々「とても収まりません」とおっしゃる方が現れます。

こういう方はたいてい、私が話した一言一句をすべて逃さず書こうとします。話の内容全体を「網羅」すべき、と考えているのです。

でもそれでは、情報の整理はできません。

先ほど「全体」を把握することが大事だ、とお伝えしましたが、ここでの「全体」という言葉は「すべての情報」という意味ではなく、**「自分が思考整理するうえで取り扱える量」まで絞ること**が前提となっています。

当然「ヌケ・モレ」はありえます。主観も入り込むでしょうが、それでかまわないのです。「ヌケ・モレなく」「主観を排して客観的に」といったフレーズは、ビジネス書ではおなじみの表現ですが、出会うたびに私はこう思います。「そんなことできるわけないだろうに……」と。そうではなく、もっと現実的にいきたいのです。

まずは「紙1枚」に収まる範囲内だけで整理をし、それでよしとする。これなら、5分もあれば十分でしょう。実際に説明してみてうまくいけばそれでOKですし、ダメなら取捨選択する情報を変えてもう1枚「書いて」みる。それだけのことです。

決して一発勝負をせず、量を積み上げることで少しずつ質を高めていく。ただ、そのためには1回あたりの負荷を極力少なくしておきたい――だからこそ、私はこうしたシンプルな思考整理法を提唱しています。

整理する前に「捨てる」を終わらせる

「まず『紙1枚』に収まる範囲でよしとする」「いったん一覧できる状態にしてしまう」こうした感覚については、心理的な側面からも理解することができます。

たとえば、部屋のなかが散らかっているとき……。その散らかり具合がひどくなければ「片づけよう」という気が起きるかもしれませんが、モノが散乱して足の踏み場もない、いわゆる「ゴミ屋敷」のような状態だとしたら、いかがでしょうか。その気が失せてしまうと思いませんか？

情報も同じで、**情報過多の時代といわれるいま、集めようと思えば、情報はほぼ無限に集めることができます。けれど多すぎる情報は、ゴミ屋敷と同じで「手をつける」気をなくさせます。**

だからこそ、扱う情報を自分の手に負える量にまで絞ることが重要なのです。

そして「紙1枚」という制約のなかに必要な情報を書き込んでいく作業が、まさにこの「情報を絞る」プロセスを兼ねているのです。

会議の議事録を「エクセル1」に書き込んだ場合であれば、そこに収まった情報は、会議の全発言を網羅するものではなく、特に重要と思われた箇所がある程度ピックアップされたものになるはずです。

「エクセル1」に書き込む過程で、自然と情報が削ぎ落とされ、それによって「取り扱える量」になっていくのです。

世界的な大ベストセラーとなった近藤麻理恵さんの『人生がときめく片づけの魔法』(サンマーク出版)にも、部屋を片づけるために「まずは『捨てる』を終わらせる」と、書かれています。

情報の整理も、まず初めに重要でない部分を思い切って捨てる——そうすることで、次の段階に進むことができます。

片づけが苦手な人でも上手に「情報の整理」ができるコツ

そうはいっても、やはり思い切って捨てられない場合は……。

そんな方に向けて、もう1つコツをご紹介しましょう。

「部屋の片づけ」が苦手な人と得意な人がいるように、情報もたくさん抱えすぎる人と必要な量まで上手に減らして整理できる人がいます。

もちろん、できることなら後者になりたいとだれもが願うことでしょう。ただ、これまで情報の整理の仕方を具体的な「動作」に落とし込んで教えてもらえる機会がなかったばかりに、多くの人は変わるきっかけを見つけられずにいたのです。

情報の整理の得意、不得意が性格や才能で決まってしまうのかといえば、そんなことはありません。「ある姿勢」を心がけるだけで、だれでもスムーズに整理ができるようになります。

「ある姿勢」とは、**「アウトプットを前提にインプットする」**ことです。

たとえば学校の授業で、先生に「今日やるところはテストに出るからしっかり聞いておくように」と言われたとき、何も言われないときと比べて「聞き方」が大きく変わったという経験はないでしょうか。ノートのとり方や先生の話への集中度合いが変わり、結果、授業の内容がいつも以上にくっきりと記憶に残ったはずです。

これは、**「テストに出る」と聞いたことで、無意識のうちにアウトプットを前提にインプットしようとする姿勢で授業に臨んだから**です。

私は映画やドラマを観《み》るのが好きなのですが、そこで得た気づきなどをメールマガジンに書くことも多いため、いつの間にかその前提で映画やドラマを観るようになりました。

要は、**あとでほかの人に説明するつもりで、内容をインプットするようになった**のです。

おかげで、たとえば仕事の合間の雑談で「最近観た映画」の話になったときなども、「あの映画でおもしろいと感じたのはあのシーンとあのシーンで、なぜならそれは主人公が……」などといきなり話せるようになってしまいました。そのたびに「どうしてそんなにスラスラ話せるのですか？」「よくそんなに覚えてますね」と驚かれます。

この姿勢は「情報を整理する」プロセスでも大活躍します。

会議やセミナーなど、話を聞いたあとで「エクセル1」に情報を書き出すのではなく、最初から「エクセル1」を用意して、そこに直接書いていくのです。

たとえば会議であれば、話し合いに参加しながらメモ代わりに「エクセル1」に情報を書き出していきます。研修であれば、講師の話を聞きながら大切だと思うキーワードやフレーズなどを「エクセル1」に書き出していくのです。

実際に、あとでだれかにアウトプットする場面がなくてもかまいません。その場合は「今日学んだことを1週間後の自分に伝える」つもりで整理すればよいのです。この感覚が当たり前になってくれば、確実に情報は絞れるようになります。

「まとめる」って具体的にどうやればいいの？

それでは、続いて「考えをまとめる」ステップに移りましょう。

「考えをまとめる」シーン、仕事の現場ではよくありますね。私も会社員時代、上司から「今度の打ち合わせで相談する内容をまとめておいて」とか、「明日までに自分の考えをまとめておいて」などと頻繁に言われていました。

新入社員のころは『まとめておいて』って……カンタンに言うけれど、まとめるって実際どうやればいいのだろう？」と内心戸惑ったものです。まさに「動詞」によって思考がフリーズしてしまう状態でした。

それでも「え、どうやってまとめたらいいんですか?」などと聞くわけにはいきませんでした。日本の職場には、どこかそうしたことを聞き返しづらい空気が流れていて、私もそうした「場の空気」は理解していたつもりです。

ただ、だからといって、伝わらない「動詞」表現でコミュニケーションをごまかしていい、とは一切思っていませんでした。だから**「自分の考えをまとめるには、具体的にはどうすればよいのか?」**という問いを、ずっと大切にし続けていました。

これからご紹介する方法は、当時の自分のような悩みを抱えている人に向けた、この問いに対するもっともシンプルな回答です。


「考えをまとめる」を「動作」にするコツ——それは**「情報を整理する」プロセスで15個以内に絞った情報のなかから、自分が「特に重要だ」と思うものを「3つ」選び、赤色のペンを使って丸で囲む**こと。

たったこれだけです。

なお、ペンの色を変えている理由は「違うプロセスをやっている」ということを意識づけるためです。「意識する」のままでは「動詞」ですが、「色を変える」ことによって「動作」による実践が可能となります。

先ほどの「読んだ本の感想をまとめる場合」で考えてみましょう。「情報の整理」で書き出したキーワードを眺めながら、**「この情報のなかで自分にとってもっとも重要と思うもの」ベスト3に赤色のペンで丸をつけていきます。**

これも実際にやってみるとその価値が実感できるのですが、ただ「頭のなかだけ」で同じことをやろうとすると、非常に時間がかかります。加えて、時間をかけたのにまとめられないという結果になることも多々あります。

一方、紙に書き出して「見える化」された状態で選ぶ形にしておくと、拍子抜けするくら

い、すぐに3つ選べます。選んだときの納得感もまるで変わってきます。

あとは「この本から学んだことは主に3つあります。それは、これと、これと、これです……」と伝えるだけで、もうこれまでとは別人のように「わかりやすい説明」ができるようになります。

数をカンタンに3つに絞れないときは、フレームを眺めながら「この情報とこの情報は似ているな」「この情報とこの情報をかけ合わせると、つまりこういうことだな」「この情報は省いても差しさわりないだろう」などと考えを巡らせます。

その際、浮かんだアイデアをそのまま赤色のペンで余白部分やキーワードの横などに書き込んでいってもいいでしょう。**頭のなかで考えたことを、目の前の紙にできるだけ書き出していく。「考える」を「見える化」していくわけです。**

そして「自分にとって重要なのはAとB、それからCとDをかけ合わせた〝Cの3つだな」というように、自分なりの〝かたまり〟に置き換えて、数を「3つ」に近づけていきます。

このプロセスも「頭のなかだけ」でやろうとするとなかなかうまくいきません。ところが、紙を見ながらだと案外サクサクとこなせてしまいます。実際は「気づき」を

「考える」を赤色のペンで「見える化」する

重要だと思うものに赤色のペンで丸をつける

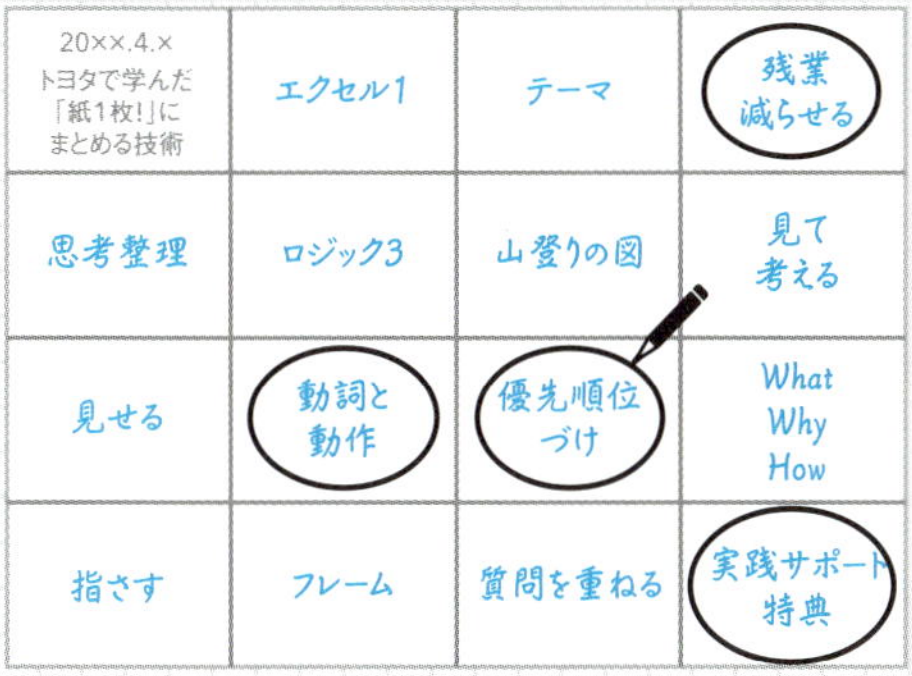

簡単に「3つ」に
絞れないときは……

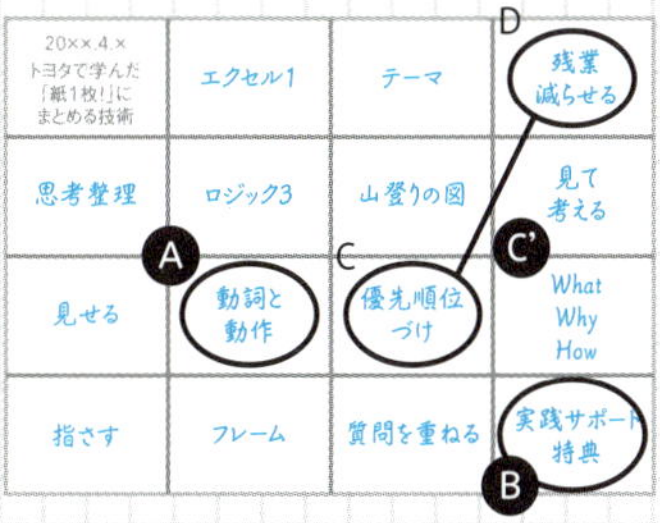

自分なりの“かたまり”に置き換えて
数を「3つ」に近づけていく

「AとB、そしてC'です」

軸としたかなり高度な思考整理をしているのですが、そのあっけなさに驚く受講者もたくさんいらっしゃいます。

ともかく「3つ」にまとめてしまいさえすれば、あとは先ほどと同じです。

「私がこの本のなかで重要だと思ったポイントは、主に3つあります。それはAとB、そして、Cです。まず、Aについてですが……」

いかがでしょう？

「情報を整理する」と「考えをまとめる」。この2つのステップを「動作」で踏むことができれば、わかりやすく「伝える」準備は完了です。

まず、このステップを実際にやってみて、漠然と頭のなかに思い浮かべていたときの「ゴチャゴチャ」した状態が「スッキリ！」に変わる感覚を味わってみてください。

重要なものを「選べない」のにはワケがある

ところで、研修などでこれと同じようなワーク（多くの場合、テーマは「自己紹介」）を実際にやってもらうと、「重要だと思う」というフレーズに引っかかってしまう方が案外たくさんいらっしゃいます。

「何をもって重要だと判断していいかがわからない……」という悩みなのですが、この悩みには2つの側面から回答を示すことができます。

1つ目は、**「だれに向けて説明するのか」を想定してみる**こと。同僚なのか、初対面の人なのか。伝える相手を決めれば「重要だと思う3つ」も選びやすくなります。

一方で、2つ目の回答は少し重たい話になります。

「選べない」「絞れない」「決められない」といったコメントが出てきてしまうのは、「自分で意思決定することから逃げる癖」がついてしまっているからかもしれません。

「たかが自己紹介で何を言い出すんだ」と思われるかもしれませんが、「たかが」と感じるようなテーマであるにもかかわらず、「3つだけ選ぶならまあこれかな」という選択すらできない。これは深刻な問題ではないでしょうか。

そもそも「どの3つを選んだら『正解』か」という話ではないはずです。試しに選んで伝えてみて、うまくいけばそれでいいし、イマイチなら別のキーワードで挑戦し直せばいい。そうやって、少しずつ自分なりに「代表性」を見出していくことが大事なのです。

にもかかわらず「3つに絞れないです」というコメントが口をついて出てくるのは、「絞れない」のではなく、ほんとうは「絞りたくない」だけなのではないでしょうか。

要するに「間違えたくない」「決めたくない」「責任をとりたくない」という本音に気づいていないだけ……実際、これまでそんな受講者に数多くお会いしてきました。

「説明が苦手」な人の特徴の1つに**「断言しない」**というものがあります。これでは自信を持って説明できませんし、相手側も信頼して説明を受けることができません。

では、なぜ「断言しない」のかといえば、理由はやはり同じです。

「自分で意思決定することから逃げている」

かなり重たい話になってしまいましたが、少しでも心当たりのある方は「エクセル1」を繰り返し書くなかで、ぜひこの思考の癖に気づき、脱却を試みてください。

「わかりやすい説明」基本コースのおさらい

ここまで「わかりやすい説明」の基本動作として「情報を整理する」→「考えをま

とめる」ことによって、「伝える」準備が整っていくプロセスをご紹介しました。

カギとなるのは、頭のなかの「見える化」。それも「動作化」され、だれでも実践可能なレベルでかみ砕かれた「見える化」です。

このシンプルなプロセスは、どんなに込み入った内容の情報を扱うときでも変わりません。武道でいうところの〝型〟と同じ世界観です。


もう1つ、先ほど研修でふだんやっているとお伝えした「自己紹介」のケースを、実際にやってみましょう。

あなたは、グループで集まったときなどに「1人1分で自己紹介してください」と急に言われ、うまくできず、「あのとき、あれを言えばよかった、これを言いそびれてしまった……」などと後悔したことはありませんか？

「自分」という人間は本などよりずっと複雑な情報のかたまりです。それを短時間で説明しようとするわけですから、やはり内容を整えるプロセスが欠かせません。

違いを実感するために、まずはいまから何の準備もせず、1分でできる自己紹介を考えてみてください。できれば、実際にだれかに話しているときと同じように、声に出してみるといいでしょう。そして、このとき何を話したか、どんな話し方をしたか頭に留めておきます。

次に「情報を整理する」→「考えをまとめる」ステップを踏んだうえで「伝える」、すなわち「自己紹介」をしてみます。

まずは、情報の整理を次のように行います。

1 緑色のペンで、8～32個の「フレーム」を書く（例は16フレーム）

↓

2 緑色のペンで、左上のフレームに「日付」と「テーマ」を書く。今回は、テーマを「自己紹介」としましょう

↓

3 青色のペンで、フレームのなかに自分に関するキーワードを書いていきます。たとえば、出身地、年齢、仕事内容、家族構成、趣味など、自己紹介として使えることなら何でもOKです

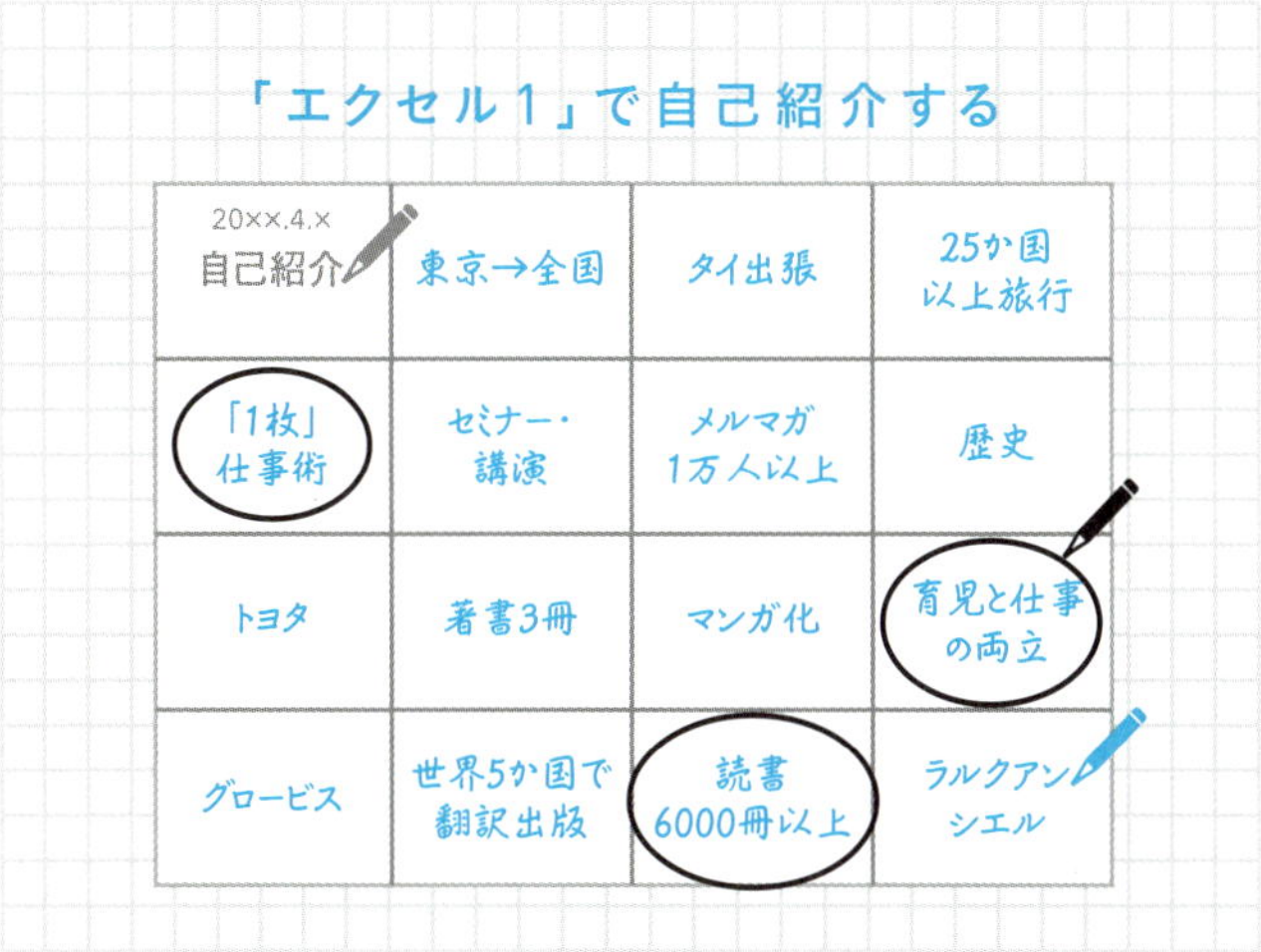

20××.4.× 自己紹介	東京→全国	タイ出張	25か国 以上旅行
「1枚」 仕事術	セミナー・ 講演	メルマガ 1万人以上	歴史
トヨタ	著書3冊	マンガ化	育児と仕事 の両立
グロービス	世界5か国で 翻訳出版	読書 6000冊以上	ラルクアン シエル

続いて「考えをまとめる」プロセスです。**手順は先ほどと同じように「自己紹介で重要だと思うキーワードを3つ選ぶ」だけ。赤色のペンを使って丸で囲みます。**

さて、「情報を整理する」→「考えをまとめる」ステップが完了すれば、あとはその3つをキーワードにして「伝える」だけです。

例として、私のケースであれば次のような説明となります。

「浅田すぐると申します。本日はどうぞよろしくお願いします。

私の自己紹介のキーワードは3つありまして、まず1つ目は〝『1枚』仕事術〟。これは、私が広めている〝『1枚』書くだけ〟というシンプルなビジネススキルの名称でして、これを企業研修や講演、個別コンサルティングなどを通じてビジネスパーソンに教える仕事を日々行っています。

2つ目のキーワードは『読書』でして、これは趣味としてもうかれこれ少なく見積もっても6000冊以上は読み続けています。基本的にジャンルは選びませんが、仕事柄ビジネス書は特に多く読みます。愛読書はドラッカーです。

3つ目のキーワードは『子育て』になります。昨年末に子供が生まれまして、今年は育児と仕事をいかに両立させていくかをテーマに日々過ごしています。サラリーマンではないので育休は不可能なのですが、個人起業家だからこそ時間管理など工夫の余地もいろいろとあるので、試行錯誤しながら毎日楽しみつつもがんばっているところです。私からの自己紹介は以上です」

いかがでしょうか。**「3つ」だけだからこそ、1分でもなんとか説明できますし、その「代表性」が高ければ高いほど、十分に「わかりやすい説明」として相手に受け**

取ってもらうことができます。

ちなみに、私の例で挙げた「3つ」は、それぞれ「1枚」仕事術=社会人、読書=個人、子育て=家族という観点で選びました。「たしかにこれである程度カバーできている」という感覚をつかんでもらえれば幸いです。

【PART 2のまとめ】

本PARTでは「わかりやすい説明」の条件として、次の3つのポイントについてお伝えしました。

ポイントその①：数を「3つ」に絞ること（脱・過剰）
ポイントその②：「構造」にはめること（脱・網羅）
ポイントその③：「動作」で伝えること（脱・動詞）

そして、これらを実践するための基本動作として、「エクセル1」という「紙1枚」

を用いた思考整理法をご紹介しました。

ただし、まずは「情報を整理する」「考えをまとめる」「伝える」という3つのステップを体感してもらうことに主眼を置いたため、詳細な説明はあえて省きました。

PART3では、その省いた部分を扱うことで、いよいよ「わかりやすい説明」のコツを身につけ、繰り返し実践できるようになってもらいたいと思います。

PART

3

どうすれば、説明上手になれるのか？

～方法は、3つあります～

「3つ」を徹底的につかいこなそう

ここまで、「わかりやすい説明」にとって**「3つ」「構造」「動作」**といったキーワードが重要になってくること、そして、実際にどのようなステップを踏めば「わかりやすい説明」ができるのかについて、基本的な内容をお伝えしてきました。

このPART3では「情報を整理する」「考えをまとめる」「伝える」のステップそれぞれについて、もう少し詳しく掘り下げた解説をしていきます。

といっても、引き続き「3つ」「構造」「動作」のポイントを軸に説明していきますので、「わかるか」以上に「できそうか」「使えそうか」「どうすれば役立てられるだろうか」といった問いを立てながら、読み進めていくようにしてください。

ここでもう一度おさらいしておくと、前PARTで**「わかりやすい説明」のステップとして「情報を整理する」→「考えをまとめる」→「伝える」の3つ**をご紹介しました。

一般的にいわれる「ポイントを3つにまとめなさい」といったアドバイスは、2つ目の「考えをまとめる」で行われる作業を指しているものがほとんどです。

たしかに、この段階でいかにうまくまとめられるかによって、わかりやすさの度合いは変わってきます。ただ、私自身は**「わかりやすい説明」のすべての過程で「3つ」を軸にするべき**と考えています。

具体的にいうと、**まず「3つの視点」から「情報を整理する」。続いて「考えをまとめる」際には、「3つの構造」にはめてみる。そして相手に「伝える」ときは「3つの動作」を基本にしていく。**

このように、すべての段階で「3つ」を柱に実践していくのです。

「3つでは不十分」と退けてしまわず、まずは記憶に留《とど》めやすい「3つ」を徹底的に使いこなせるようにしていく。そのうえで、まだ必要だと思うならさらに学びを深めていけばいい――この世界観を、大切にしてみてください。

それでは、「情報を整理する」「考えをまとめる」「伝える」それぞれについて、「3つ」を軸にしたさらに具体的な実践方法をお伝えしていきます。

どうすれば、
説明上手になれるのか？

方法

その①

「3つの視点」で「情報を整理する」

「初対面の相手」と会ったとき、どこを見るか？

「わかりやすい説明」の3ステップのうち、1つ目の**「情報を整理する」**について、前PARTでは『紙1枚』という制約を設け、アウトプットを前提に整理することで、数を絞ることができる」という大切な考え方をご紹介しました。

このことを理解してもらったうえで、実践上のさらなるポイントを1つ付け加えるとするなら、**「エクセル1」の左上にどういう「テーマ」を記入するか――ここが大事なカギとなります。**

なぜなら、ここに書き入れるテーマは、そのまま**「どういった情報を集めるのか」という、方向性を見定める「視点」となるから**です。

「情報を整理する」質を高めていくカギは、まさにこの「視点」の定め方にあります。

ここに「3つ」の概念を応用することで、仕事で実際に役立つレベルの情報整理を、繰り返し行えるようになるのです。

そもそも私たちが何かモノを見る場合、**少なくとも「3つの視点」から捉えることで、おおよその全体像をつかむことができます。**

たとえその対象が初めて目にするものであっても、**「前」「横」「上」**からどう見えるかがわかれば、どんな形をしているかほぼわかります。また、1つや2つの視点からだけでは見えなかった、新しい部分に気づく場合もあります。

同じように、初対面の相手と会ったときも**「見た目」「性格」「考え方」**の3つの視点で見ることで「どんな人物か」を概《おおむ》ね認識できます。

では、仕事ではどのような「3つの視点」で情報を集めればよいのか？

本書では特に応用範囲の広い、すなわち「代

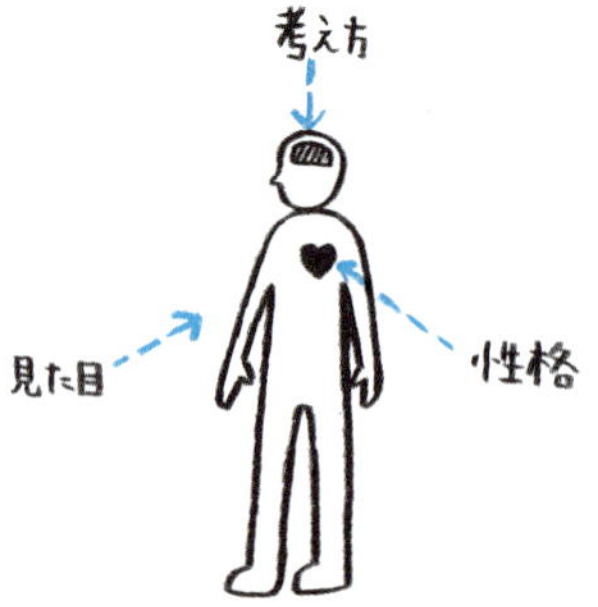

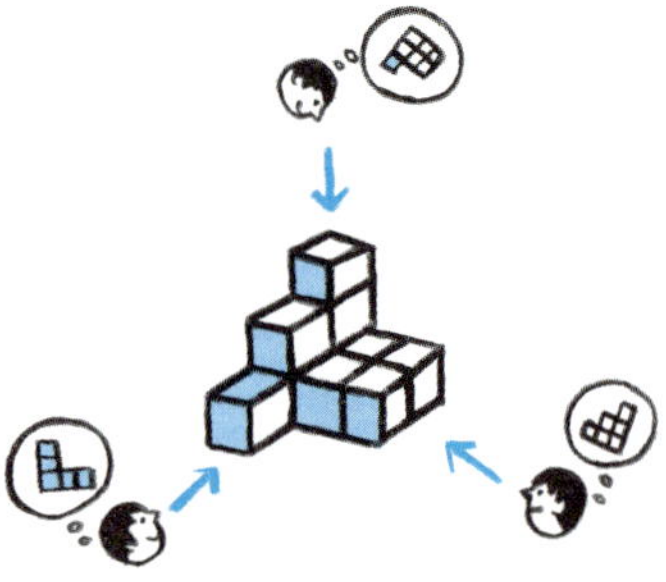

表性」が高いものとして私がおすすめする、**「3つの視点」の組み合わせベスト3**をご紹介していきます。

「3C」で情報を整理する

まず1つ目が、次の組み合わせです。

①お客様（Customer）
②自社（Company）
③競合（Competitor）

一般に、英語の頭文字をとって「3C」と呼ばれているものです。
もう少し具体的な言い方に置き換えると、次のようになります。

①「お客様」はどのようなモノを求めているか？

②「自社」はどのようなモノを売っていきたいのか？
③「競合」はどのようなモノを売り出しているか？

たとえば、新しい商品企画を考えるとき、まずはいろいろと参考になりそうな情報を集めることからスタートするでしょう。

ただ、漠然と「何か新しい企画ないかな」と思っていても、なかなか情報整理は進みません。そこで、**やみくもに膨大な情報にアクセスするのではなく、あらかじめこの「3C」に当てはめて、情報の整理を行ってみる**のです。

「日本一のホームページ」はこうして生まれた

この話を聞くと「なんだ『3C』か。それなら知ってますよ。前に読んだ別の本にも書いてあった」「以前受けた研修で習いました」といった感想を抱く方もいると思います。ただ、そんな方にぜひ再確認してほしいことがあります。

「どれくらい、実際の仕事で使っていますか？」

私自身、頻繁に仕事で活用しているのが、この「3C」の視点です。

たとえば会社員時代、自社のホームページのリニューアルプロジェクトの担当になったことがありました。

しかし当初は、何が問題でどこをどう直すべきか、私を含めだれもよく見えていない状況でした。それでも、決められた期日までに、リニューアル内容を決め、上司や役員、関係部署などにプレゼンテーションしなければなりませんでした。

このとき行ったのが**「お客様（Customer）」「自社（Company）」「競合（Competitor）」の3つの視点による情報の整理**です。

まずは「お客様の声を聞く」ことから始めました。ホームページ上にアンケートを設置し、お客様が自社のホームページをどう思っているか、どのように活用しているのかなどを調べていきました。

大事なのは、適当に、なんとなくアンケートをとったわけではないという点です。

「3C」という視点の組み合わせが頭のなかに入っていたおかげで、こうした仕事の

進め方を滞りなく、意図的に実践できたわけです。

アンケートの結果、意外なことがわかりました。それは「商品の情報がいちばん見たいのに、見つからない（見つけにくい）」という不満を持っている人が多い、という事実でした。

自動車会社のホームページでありながら自動車の商品情報が見つからない、というのは冗談のように聞こえるかもしれません。ですが、当時は実際に企業情報が中心で、商品情報に関しては別の商品サイトに掲載されていたのです。

お客様にしてみれば、会社のホームページを開けば当然、そこに商品情報があり、カンタンにアクセスできることを期待していたはずです。ところが実際は、何度もマウスをクリックして別のサイトに飛ばなければならない状況でした。

次に行ったのは「自社として、どのような情報をホームページで発信していきたいのか？」を、関係者にヒアリングすること。これも、なんとなくそうしたわけではなく、「3C」の一環で実践しました。

その結果、出てきた考えは部署によって見事にバラバラで、それがホームページ上でうまく整理・統合されていないことがわかってきました。

3つ目に、当時、評判がよかった競合他社3社のホームページをくまなくチェックしていきました。

そして、自社のホームページは相対的に文字量が多く、写真や動画が少ない、という短所が見えてきました。加えて、他社のホームページは自社のホームページに比べて、圧倒的に商品情報にたどりつきやすい、ということもわかってきたのです。

さて、**こうした3つの視点の組み合わせで情報を整理した結果、自社のホームページの問題点が判明しました。**あとは、それをどうリニューアルしていくかについて、考えをまとめて企画書にしていきました。

上司、関係部署、役員という具合に延々と〝説明行脚〟の日々が続いたのですが、幸いなことに、ほとんどの場面であっさりと納得してもらうことができました。

それだけでなく、

「よくまとまってるね」

「こんなにわかりやすい説明は久々だったよ」

「これだけ関係者が多いなかで、よく合意形成ができたね」

などといったうれしいコメントも、随所でいただくことができました。**「3つの視点」で整理したからこそ、だれが聞いてもわかりやすい説明につながっていった**わけです。

余談ですが、**このときリニューアルしたホームページは、その後「企業情報サイトランキング」において、業種別（機械・輸送用機器）はもちろん、全業種を通じてナンバーワンの評価を得ることができました。**

もちろん、チーム・組織としての実績であり、私はその一翼を担ったにすぎません。それでも、本書の文脈に即して捉えるなら、「3つの視点」による「情報の整理」と「わかりやすい説明」の積み重ねが、仕事で日本一を獲得するという成果につながっていったのです。

必要なのは「紙に書く」動作だけ

このように**「知っているか」**だけに留めず、**「使えているか」**という**「動作」**の世

界にこだわることで得られるメリットは計り知れません。

だからこそ、たとえば「3C」を知っているか、わかっているかだけで善し悪《あ》しを判断するのはもうやめたほうがいいのではないでしょうか。大事なのは「実際に使い、役立てているか」です。

もし答えがノーでも、これまで「動作」で学んでこなかったというだけのことですから、落ち込む必要はありません。これから実践しようと思えば、方法は極めてシンプルです。前PARTでご紹介した「エクセル1」を少し応用するだけです。

1 **119ページの上図のようなフレーム数32の「エクセル1」を用意し、緑色のペンで1行目に「3C」に関する質問文と「まとめ」（1列目には日付も）を記入**

↓

2 **青色のペンで各質問に関する情報を記入する**

↓

3 **3つの視点から整理した情報を比べ、共通点や特徴があれば赤色のペンで丸をつけたり、線でつないだりする。3つにまとまったら、キーワード化して「まとめの**

欄」に記入する

もし、この「エクセル1」応用形をいきなり埋めることに難しさを感じた場合は、「エクセル1」を3枚書いて見比べるというやり方でもOKです。これであれば、PART2とまったく同じ方法で実践できるはずです。

1 119ページの下図のようなフレーム数16の「エクセル1」を「3枚」用意し、緑色のペンでテーマ欄に日付と「3C」に関する質問文をそれぞれ記入

←

2 青色のペンで各質問に関する情報を記入する

←

3 3つの視点から整理した情報を比べ、共通点や特徴があれば赤色のペンで丸をつけるなどして、ポイントを3つまでに絞り込む

このように「3つの視点」から情報を整理することで、それまで見えなかった問題

「エクセル1」で「3C」を整理する①

問題解決の例

お客様　自社　競合

20××.4.× お客様からの意見	社内の問題	競合との比較	まとめ
商品情報が見えない	メッセージがバラバラ	商品情報が少ない	商品情報のカイゼン
文字ばかり	各部署の予算次第	動線が複雑	画像・動画の充実
読みにくい	各部署の温度差	画像が足りない	運営の仕組み再構築
英文が正しくない	調整役の不在	動画が少ない	
途中で終わる	運営の仕組み未整備	SNS活用弱い	
動画が少ない		問合せ窓口なし	
写真が少ない		文字量多すぎ	

※いきなり「1枚」で
整理するのが
難しい場合は……

20××.4.× 社内の問題	調整役の不在		
メッセージがバラバラ	運営の仕組み未整備		
各部署の予算次第			
各部署の温度差			

20××.4.× お客様からの意見	英文が正しくない		
商品情報が見えない	途中で終わる		
文字ばかり	動画が少ない		
読みにくい	写真が少ない		

20××.4.× 競合との比較	動画が少ない		
商品情報が少ない	SNS活用弱い		
動線が複雑	問合せ窓口なし		
画像が足りない	文字量多すぎ		

質問ごとに1枚の計「3枚」で整理してから、ポイントを絞り込む

や課題、また次にとるべき行動などが見えてくるのです。

ちなみにここで登場した「3C」は、

①お客様（Customer）→「相手」
②自社（Company）→「自分」
③競合（Competitor）→「社会（市場）」

と置き換えることもできます。**こうした柔軟な解釈も「3C」を「知識」ではなく「動作」レベルで実践していて初めて可能になる応用だといえます。**

たとえば転職の面接で、自分の強みをアピールするとしましょう。

このとき、まず①の視点から「転職希望先の会社は、中途採用の社員にどんな人材像を求めるだろう？」と考えてみます。

次に②の視点から、「自分の強みは何だろう？」と考えます。

最後に、③の視点から「いま、社会では何が求められているだろう？」と考えてみ

「エクセル１」で「３Ｃ」を整理する②

自己アピールの例　自分　社会　相手

20××.4.× 求められる人材像は?	自分の強みは?	社会的に求められていることは?	まとめ
英語力	TOEIC880	動きながら考える	海外経験と英語力
専門知識	体育会出身	グローバル志向	体力と行動力
交渉力	社長賞受賞	生産性	続ける／やり抜く力
行動力	○○資格保有	不測の事態に対応する	
体力	アメリカ留学	ワークライフバランス	
遊び心	ピアノ歴20年	やり抜く力	
現場対応力			

※「1枚」で書きにくい場合は、119ページ同様質問ごとにエクセル1を書いて計「3枚」にしてもOK

るのです。

最終的には、①から③で集めた情報のうち、３つのテーマに共通するものがいちばんの強みといえるでしょう。

もしここで複数の強みが発見できたら、そのなかからポイントを３つ選び、面接では重要な順にアピールしていけばよいのです。

いかがでしょうか。何か課題を与えられたとき、何も浮かばない、頭が働かない……と立ち止まってしまうようなときには、この「３Ｃ」の視点から情報を整理してみてください。

紙を目の前にペンを手に持つとき、自

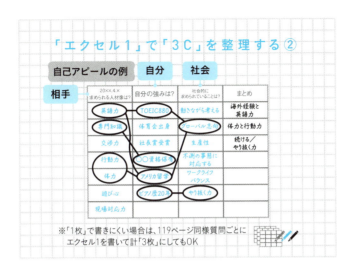

然と考えが巡り始めるはずです。

「時間・空間・人」で情報を整理する

続いて、情報を集める際のもう1つの「3つの視点」の組み合わせをご紹介しましょう。

それは、こちらです。

①時間（いつ）
②空間（どこ）
③人（だれ）

PART1でご紹介した「5W1H」のうち、前半の3つの疑問詞、「いつ」「どこで」「だれが」（When、Where、Who）という視点から情報を集めるのです。

これは、何か問題が発生し、その対策を練らなければならないときなどに使えます。

たとえば自社の製品の売れ行きが悪く、その対策を考えるときは、次のような視点で情報を集めます。

①時間……特に売り上げが落ち込んでいる「時期」はいつか?
②空間……特に売り上げが落ち込んでいる「地域」はどこか?
③人……特に売り上げが落ち込んでいる「お客様(年代・性別)」はだれか?

あるいは、社内の残業がなかなか減らず、その対策を練らなければならないときには、次のように情報を集めてみるとよいでしょう。

①時間……特に残業が多い「時期」はいつか?
②空間……特に残業が多い「部署」はどこか?
③人……特に残業が多い「社員」はだれか?

また、起業を考えている方が事業内容を考える際の手がかりとしても、次のような応用の仕方をおすすめしています。

①時間……自分の強みのなかで、「時流」に沿っているものはどれか？
②空間……自分の強みがもっとも生かせる「市場」はどこか？
③人……自分の強みに価値を見出《みいだ》してくれる「お客様」「協力者」などはだれか？

このように「3つの視点」から情報を集めることで、問題点や課題の全体像が見えてくるはずです。

整理の仕方は、今回も同じです。それぞれをテーマに「エクセル1」を書いてみてください。「動作」はシンプルであるほど気軽に取り組め、やればやるほどビジネスに必須の思考回路が、あっという間にインストールできます。

1 125ページの図のようなフレーム数32の「エクセル1」を用意し、緑色のペンで1行目に「時間軸」「空間軸」「人軸」に関する質問文と「まとめ」（1列目には

「エクセル1」で「時間・空間・人」を整理する

課題把握の例

時間　空間　人

20××.4.× どの時期が悪い?	どの地域が悪い?	どのお客様で売り上げが落ちている?	まとめ
前期	東or西	法人or個人	後期(1～3月)
後期	大阪以南or以北	継続3年超	九州エリア
10～12月	四国or九州	○○、△△、□□	3年超の法人客
1～3月	ワースト3県は?	○○、△△、□□	
過去10年の傾向は?	○○、△△、□□		
○○、△△、□□	ワースト3地域は?		
	○○、△△、□□		

※「1枚」で書きにくい場合は、119ページ同様質問ごとにエクセル1を書いて計「3枚」にしてもOK

日付も）を記入

←

2 青色のペンで各質問に関する情報を記入する

←

3 3つの視点から整理した情報を比べ、共通点や特徴があれば赤色のペンで丸をつけたり、線でつないだりする。3つにまとまったら、キーワード化して「まとめの欄」に記入する

ちなみに余談ですが、この「時間・空間・人」という視点、私はふだん「天・地・人」という言葉で頭に入れて実践しています。

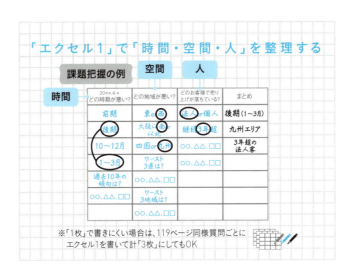

以前、セミナーの登壇で広島県・因島を訪れた際、「村上水軍」の資料館へ立ち寄ったことがありました。大ヒットした『村上海賊の娘』（和田竜／新潮社）という小説の舞台です。そこには「村上水軍」が「天の時」「地の利」「人の和」を大切にしていたことがわかる資料が、多数展示されていました。

「天候などの時の運」に、「地形条件などの地の利」、そして「人の結束・つながり」。まさしく「時間・空間・人」であり、それだけ古くから親しまれている「3つの組み合わせ」が「When・Where・Who」なのです。

「時間・空間・人」「天・地・人」「いつ・どこで・だれが」——**覚え方は自分にしっくりくる言葉でかまいません。**ぜひ、「エクセル1」を繰り返し書きながら、この組み合わせを使いこなせるようにしてみてください。

「アタマ・ココロ・カラダ」で情報を整理する

情報を集める際の、視点の組み合わせパターンの3つ目。
それは、こちらです。

①アタマ
②ココロ
③カラダ

先ほど、初対面の相手を認識する要素として「見た目」「性格」「考え方」があるとお伝えしましたが、これは順序を入れ替えると、そのまま「アタマ（考え方）」「ココロ（性格）」「カラダ（見た目）」に対応します。

そしてこの「3つの視点」は、ほかにも次のような場面で使えます。

たとえばあなたに部下がいたとして、「その部下の仕事上でのミスがいつまで経《た》っても減らない……」という問題に直面したとしましょう。

さて、どうすれば彼・彼女のミスを減らせるようになるでしょうか？

その答えを探る方法の1つとして、「アタマ・ココロ・カラダ」の視点から情報を集めます。

①アタマ……その業務についての「知識」を、部下は十分に持っているか？
②ココロ……その業務に対して、部下はどのような「心構え」で臨んでいるか？
③カラダ……その業務に対して、部下はどういった「行動」をしているか？

このような3つの視点から情報を見ると、相手のどこが弱みなのか、逆にどこが強みで、どこまでならできているのか、などがハッキリしてくるでしょう。

こうすれば、頭ごなしに全否定することはなくなります。部分的な肯定と否定を組み合わせ、相手が受け取りやすい形で指導することができます。

1 129ページの図のようなフレーム数32の「エクセル1」を用意し、緑色のペンで1行目に「アタマ」「ココロ」「カラダ」に関する質問文と「まとめ」（1列目には日付も）を記入

←

2 青色のペンで各質問に関する情報を記入する

←

「エクセル1」で「アタマ・ココロ・カラダ」を整理する①

部下指導の例

アタマ 20××.4.× 知識面の問題は?	ココロ 心構えの面で問題は?	カラダ 行動面での問題は?	まとめ
入社年数浅い	飽き性	報告が遅い	レスポンスを早く
計算が苦手	思い込みが強い	メールのみの連絡	仕事は丁寧
過去に営業経験なし	チャレンジ精神	残業が多い	失敗してもいいのでチャレンジを
○○学部出身	楽観的	資料をよく失くす	
○○プロジェクト担当	勉強好き	遅刻が多い	
		仕事は丁寧	

※「1枚」で書きにくい場合は、119ページ同様質問ごとにエクセル1を書いて計「3枚」にしてもOK

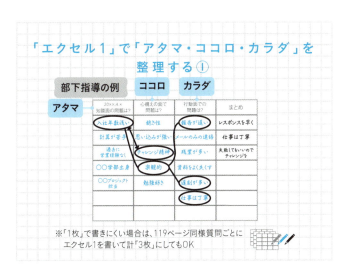

3 3つの視点から整理した情報を比べ、共通点や特徴があれば赤色のペン✎で丸をつけたり、線でつないだりする。3つにまとまったら、キーワード化して「まとめの欄」に記入する

あるいは、次のような場面にも活用できます。

たとえば「新しい企画のプレゼンテーションがいつもうまくいかない……」と悩んでいるとしましょう。

「どうしてうまくいかないのか」という疑問に、やはり「3つの視点」を当てはめて、解決の手がかりを探ることができます。

①アタマ……相手に「理解」してもらえる内容になっているか？
②ココロ……相手の「感情」に訴えかけているか？
③カラダ……相手から信頼を得られるような「行動」をとっているか？

私自身はふだん「理解」「共感」「信頼感」という表現で活用していますが、この3つの視点で整理すると、自分のプレゼンテーションの欠点がより具体的に見えてきます。漠然と「どうしてうまくいかないのか？」と悩んでいるときより、問題解決に向かって、一歩も二歩も前進できるのです。

1 131ページの図のようなフレーム数32の「エクセル1」を用意し、緑色のペンで1行目に「アタマ」「ココロ」「カラダ」に関する質問文と「まとめ」（1列目には日付も）を記入

←

2 青色のペンで各質問に関する情報を記入する

←

「エクセル1」で「アタマ・ココロ・カラダ」を整理する②

プレゼン見直しの例

アタマ　ココロ　カラダ

20××.4.× 理解の面でみると?	共感の面でみると?	信頼感の面でみると?	まとめ
根拠が弱い	ビジョンが抜けている	これまでの実績は?	根拠を3つに絞る
根拠の数が多すぎる	動機が語れていない	○○、△△、□□	体験談の追加
主張と根拠のつながりがあいまい	体験談がない	担当者との関係性は?	決裁権者と事前面会
		○○、△△、□□	
		決裁権者との関係性は?	
		○○、△△、□□	

※「1枚」で書きにくい場合は、119ページ同様質問ごとにエクセル1を書いて計「3枚」にしてもOK

3　3つの視点から整理した情報を比べ、共通点や特徴があれば赤色のペンで丸をつけたり、線でつないだりする。3つにまとまったら、キーワード化して「まとめの欄」に記入する

ちなみに、この視点のとり方は、もともと2000年以上前に、ギリシアの哲学者であるアリストテレスによって提唱されたものです。

「ロゴス・パトス・エトス」という言葉で紹介されていますが、当然、この言葉だけ丸暗記しても応用は利きません。

一方「アタマ・ココロ・カラダ」という身近な言葉であれば、覚える苦労も必要ないでしょう。

このように、すでに知っている言葉に変換しておくことで、いつまでも記憶に留めることができ、「使える」可能性も格段に高まるのです。

「拍子抜けするほどカンタンだからこそ価値がある」というPART1のメッセージを、こうした切り口からも振り返ってみてください。

「とりあえずやってみる」ことで仕事はどんどん進む

ここまで「3つの視点の組み合わせ」で情報を整理する方法についてお伝えしてきました。具体的にご紹介したのは、次の3つのパターンです。

〈パターン1〉

①お客様／相手（Customer）
②自社／自分（Company）

③競合／社会（Competitor）

〈パターン2〉

①時間

②空間

③人

〈パターン3〉

①アタマ

②ココロ

③カラダ

ただ「このパターンで、ほんとうにいま自分が抱えている問題が解決できるんだろうか？」と不安に感じている方もいるかもしれません。それでも、私がおすすめするのは**「とりあえずどれかのパターンで情報を集めてみる」**ことです。

たとえば商品企画を考える場合なら、とにかく「エクセル1」のフレームを書き、「3C」の視点から情報を集めてみます。

①お客様……お客様は何を求めているだろう？
②自社……自社が世に問いたいものは何だろう？
③競合……他社の動向はどのようになっているだろう？

もちろん、定石とはいえ、この視点の組み合わせで情報を集めただけではうまくいかない場合もあるでしょう。

そんなときは、さらに別の視点から情報を集め直してみればいいのです。

たとえば、次のように「時間・空間・人」の視点から情報を集めてみます。

①時間……自社の商品がいちばん売れている時期はいつだろう？
②空間……自社の商品がいちばん売れている地域はどこだろう？

「複数の視点」から情報を整理する

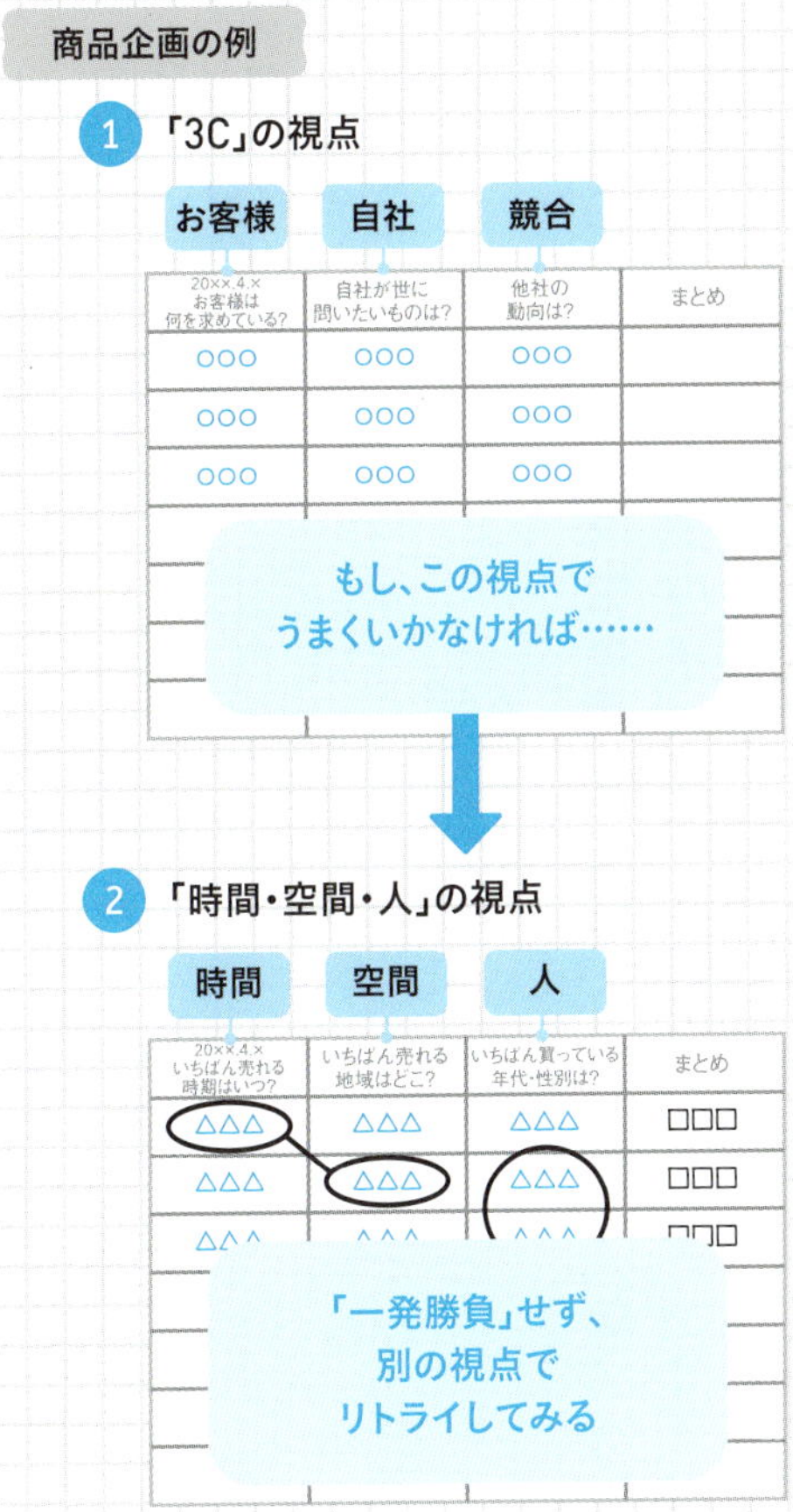

③人……自社の商品をいちばん買っている年代・性別は？

この結果「自社の製品がいちばん売れているシーズンは冬で、主要顧客は首都圏の30代男性」ということが見えてきたとしましょう。

仮にこの会社が飲料メーカーだとしたら、「では、冬に首都圏の30代男性が好む飲料は何だろう？」と次のテーマに進むこともできます。

「何か新しい企画はないだろうか？」と頭だけで考えているときに比べて、仕事が動き出す感じがしませんか？

このように、**1つの視点で情報を集めてみてもうまくいかないというときには、さらに別の視点から情報を集めてみることで、新たな問いや課題が見つかってきます。**

「視点」の切り替えが苦手なビジネスパーソンは多いようですが、ここまでご紹介してきた「エクセル1」を繰り返し書くという動作であれば、実践は難しくないでしょう。

そして「紙1枚」による「一覧性」が、頭のなかで整理するだけではなかなか得られない気づきの機会を、たくさん提供してくれるはずです。

俗に「頭が固い」といわれる人の課題は、こうしたシンプルな動作の積み重ねで十分克服できるのです。

どうすれば、
説明上手になれるのか？

方法

その②

「3つの構造」で「考えをまとめる」

「体」を動かすことで「思考」も動く

「わかりやすい説明」の3つのステップ――。

情報を整理する　↓　考えをまとめる　↓　伝える

ここからは、2つ目の**「考えをまとめる」**ステップについてより詳しく見ていきましょう。

私がおすすめするもっともカンタンなまとめ方は、PART2でご紹介した通り、**整理した情報のなかから「自分が重要だと思うものを、ただ3つ選ぶ」だけ**です。

たとえば社内の会議に参加した際、会議の内容を「エクセル1」に書き出したとしましょう。その「エクセル1」を眺めて、もっとも重要だと思う情報を3つ選んで赤色のペンで丸をつけるのです。

それだけでほんとうにまとめたことになるのか、と不安に思うかもしれません。

前PARTでは「実際にやってみればわかる」というような書き方をしましたが、このPARTでは、少し別の角度から「3つを選ぶ」という行為の奥深さに迫ってみたいと思います。

たとえば、「自分が好きな本」を例に考えてみましょう。

あなたはどんな本が好きでしょうか。試しに、好きな本のタイトルを思いつくままに出してみてください。「エクセル1」のフレーム（16フレーム）を用意して、3分間でそこにタイトルを書き込んでいきます。そして、書き出した本のなかから、あなたが「もっとも好きな本」3冊を選んでみてください。

さて、いかがでしょうか。ここはぜひ、実際に手と頭を動かして実感してほしいのですが、この作業をすると、3つを選ぶときに、頭のなかに自然といろいろな考えが巡ることに気づくと思います。

「どれも好きだけど、この人に紹介するならこの本とこの本とこの本かな」
「どれも好きだけど、いまのトレンドに合わせるとこの辺りの本かな」
「どれも好きだけど、もう手に入らない本も多いから、買える本となると……」

ご覧の通り「もっとも好きな本」という入口からスタートはするのですが、「3冊」という制約があることによって、自然とさまざまな条件をつけて絞り込むように頭が働き出すのです。だからこそ、PART2でもお伝えした通り、**実際に書いてみると、意外なほどすんなり3つが選べる**のです。

もし、3つが選べないとしたら、それは「網羅性」の呪縛に囚われているからです（別のキーワードに置き換えるなら、「正解思考」の呪縛、「一発勝負」の呪縛といってもいいでしょう）。

どの絞り方であってもかまわないにもかかわらず、「唯一、絶対の正解としての基準があるのではないか」――そう捉え、自分の基準に満

足できない人。

あるいは、一度3つに絞ってみてイマイチだった場合、もう一度絞り直せばいいだけのところを、「最初の1回で完璧にしなければならない」という思考が勝ってしまう人。

私がお会いしてきた限り、そうしたタイプの人は少なくないようです。

そんな方にこそ、『紙1枚』に書いてみる」という動作を繰り返すなかで、ぜひこれまでの思考回路の窮屈さに気づいていただきたいと思います。

アタマとココロとカラダは、つながっています。目に見えないアタマの思考回路や、つかみどころのないココロの悪癖は、カラダの反復動作によって自ら矯正していくことが可能です。

こんなところからも「動作」の魅力をぜひ味わってください。

「理解」「記憶」「行動」を促す魔法の数字

「考えをまとめる」ステップで数を「3つ」にする点について、もう少し別の切り口から解説を加えておきます。

たとえば病院などで「この書類に、**名前と住所、電話番号**を書いてください」と言われれば「はい、名前と住所と電話番号ですね」と思いながらすぐに書けるでしょう。3つなら、理解しやすく、覚えやすく、かつ即行動に移せます。

しかし「ここに、**名前と住所、メールアドレス、電話番号、生年月日、血液型、アレルギーの有無と検査の希望日時**を書いてください」と矢継ぎ早に言われたらどうでしょうか。おそらく、「名前と住所と電話番号と、あとは……ええと、何だっけ……？」などとなる人が大半なのではないでしょうか。

これでは説明が伝わったことにはなりません。

説明した相手に、理解してもらえる、記憶してもらえる、動いてもらえる――これらの目的を達成するには、やはりポイントを3つに絞ることが大切なのです。

また、「情報を整理する」プロセスでもお伝えしたように、**「全体像」を把握した感覚が得られる**のも、「3つ」選ぶことの大切なメリットです。

先ほど「自分が好きな本」の例を挙げましたが、ここで「私が好きな本は3冊あります。『A』と『B』と『C』です」と言われると、なんとなく「この人はこういうタイプの本が好きなんだな」と納得感が得られませんか？

「私の好きな本は『A』です、以上」と1つの情報だけ聞いたときと比べて、情報が3つ挙がっているからこそ見えてくる全体像があるのです。


私が最初にこのことを実感したのは、学生時代の数学の授業でした。といっても、私は決して数学が得意な人間ではないので、カンタンなパズル問題に置き換えて説明してみます。言いたいことはシンプルなので、しばしお付き合いください。

たとえば次のページの図のような虫食いの式があり、「△が1のときは、5になる」「△が2のときは、7になる」というヒントが与えられたとします。この2つだと、まだ○と□に何が入るかは、見えそうで見えないという感じだと思います。

ここに「△が3のときは、9になる」という3つ目の情報が加わったとします。するとどうでしょうか。このパズルの○には「2」が、□には「3」が入るとわかってきます。そして、△が4以上になっても「同じことの繰り返し」だと確信できます。2つまででは不明瞭だった「全体」が、「3つ」になった瞬間「見える化」されたわけです。

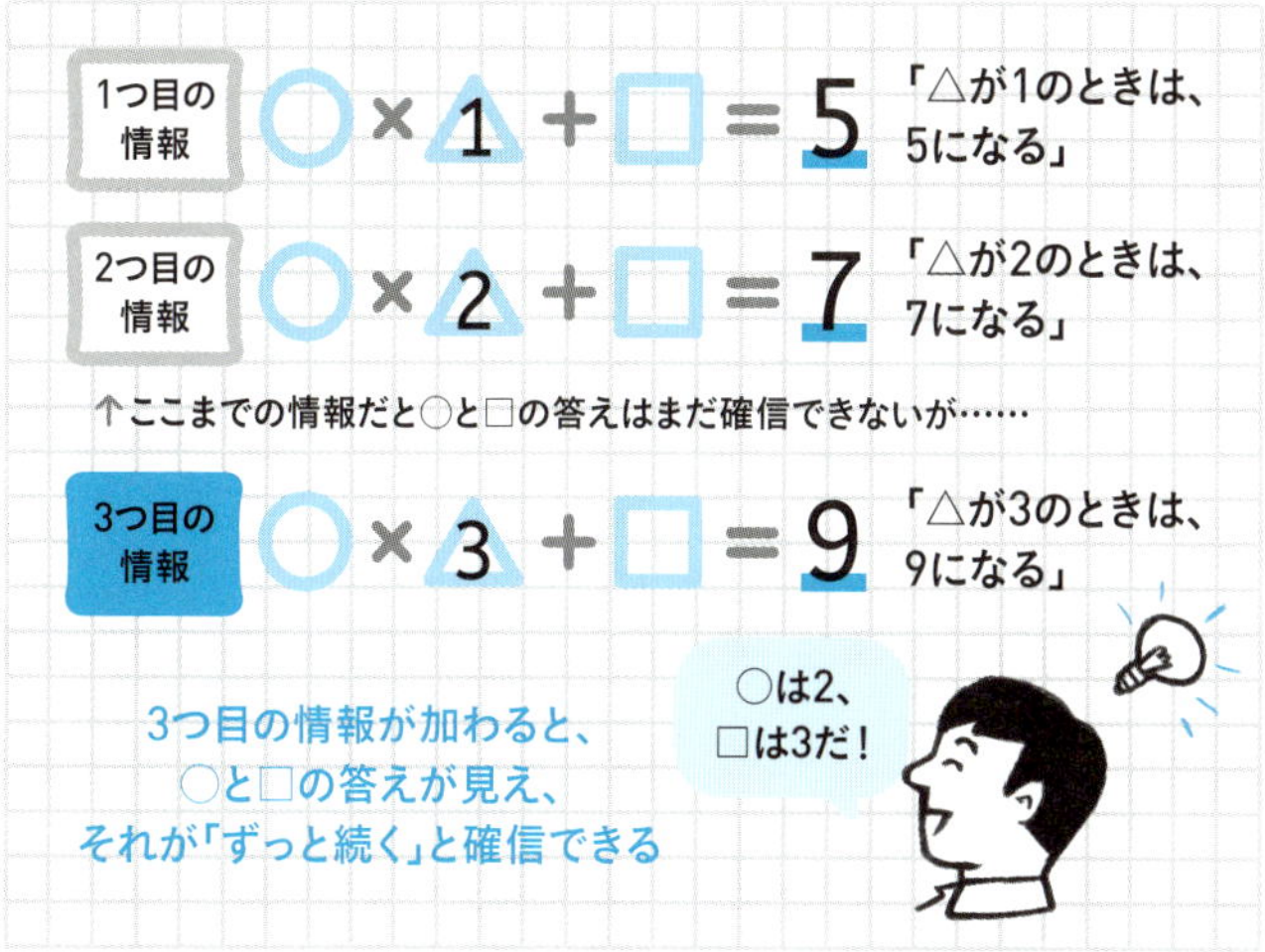

このように「3つ」という数字や段階は「1」や「2」とは異なり、「部分」でありながら「全体」にもアクセスができてしまう。すなわち、「代表性」を感じやすい特別な数字なのです。

数字の扱いが得意かどうかにかかわらず、また、言語化できるかどうかにかかわらず、私たちは学生時代からこういう世界観に親しんでいます。

だからこそ「1つ」や「2つ」では不十分さを感じる場面が出てきやすい一方、「3つ」挙げられるとそれで十分だという心境になりやすい。実際にはPART1でもお伝えした通り、「3つ」では決してすべてを「網羅」しているわけではないにもかかわらず、です。

なぜ、3つ挙げるとそれで十分だという感覚を多くの人が持つのか。このような観点から「3の魔力」と俗に言われているものを捉えてみると、新鮮な気づきが得られるのではないでしょうか。

ちなみに、このことが腹落ちしてくると、前項でご紹介したホームページのリニューアルプロジェクトの際、なぜ関係者の方たちのほとんどが、私の説明をあっさり受け入れてくれたかも理解していただけるのではないでしょうか。

「3つの視点の組み合わせ」で説明したからこそ、「まあ十分だろう」という感覚、すなわちいい意味での「わかったつもり」をつくることができた。その結果、短期間で大人数と合意形成をはかることができたわけです。

これがもし「厳密性」「網羅性」「正確性」といった観点を重視する人ばかりだったら、あるいは私自身がそういう人間だったとしたら……いつまで経っても仕事を前に進めることができず、厳しいスケジュールのなかで結果を出すことはできなかったでしょう。

時間も予算も人員も限られているビジネスの場面だからこそ、なおさら「わかった」という感覚をつくり出す魔法の数字として「3つ」を徹底的に使いこなす必要があるのです。

「Why・What・How」で考えをまとめる

ここまで、わかりやすい説明をするために不可欠な「考えをまとめる」方法とは、とにかく重要なポイントを3つ選ぶことだとお伝えしてきました。そして、この「選ぶ」という行為は思っているほど難しくはなく、「書き出す」という「動作」さえ実際にやれば、意外なほどカンタンにできるという話をしました。

そして、「3つの選び方」にもコツがあります。PART2でお伝えした通り、〝定石〟ともいうべき、代表性の高い「構造」を活用するのです。

ここでは**「考えをまとめる」際に私が特におすすめする「構造」の組み合わせ**を、3パターンご紹介させていただきます。

もちろん、この3パターン以外にも「構造」はたくさん存在しますが、あえて3つに絞り込む理由はもう繰り返しません。ぜひ、本書の構成自体からも「使いこなすなら、まずは3つで十分としておく」という感覚を養っていってください。

たとえば、だれかから「こんな企画を考えたのだけれど……」と言って企画書を見せられたとしましょう。

こんなとき、あなたはその企画書から何を知りたいと思うでしょうか。

企画書としての役割を果たすうえで必要な内容をまとめると、おそらく次の3つになるはずです。

①なぜ、その企画をやりたいと思ったのか?
②どのような内容なのか?
③どうやって進めていこうと考えているのか?

あるいは、あなたの部下や後輩の仕事の飲み込みがあまりよくなかったとしましょう。改善策を探るうえで、あなたは次のようなことを考えませんか?

①なぜ、仕事の飲み込みが悪くなってしまうのか?

②特にどの業務プロセスで飲み込みが悪いのか？
③どうしたら仕事の飲み込みがよくなるのか？

もう1つ、たとえば上司から新しい仕事の指示を受けることになったとしましょう。打ち合わせの前、次のようなポイントが気になるのではないでしょうか。

①なぜ、その仕事が必要なのか？
②どんな内容の仕事なのか？
③どうやってその仕事を進めればよいのか？

もちろん、その時々でほかにも知りたいことは出てくるでしょう。しかしほとんどの場合、いま挙げたような大枠のポイントについて知ることができれば、次の行動をとるうえで最低限必要な情報は理解できるはずです。

じつは、ここで挙げた3つの場面には共通点があります。

それは**どの場面においても「なぜ？」「何？」「どのように？」という切り口が求められている**点です。

人が何か疑問を解消しようとするときの質問は、ほとんどの場合、この「なぜ？」「何？」「どのように？」に集約されます。

これは言い換えると、説明を聞く側は基本的に「Ｗｈｙ（なぜ？）・Ｗｈａｔ（何？）・Ｈｏｗ（どのように？）」を知ってしまえば、「わかった」という感覚になりやすいということです。

よって、この３つの疑問を解消できるような内容をポイントごとに３つずつ伝えれば、それは聞き手にとって自然と「わかりやすい説明」になるのです。

それでは、いくつかの場面で求められる情報を「Ｗｈｙ・Ｗｈａｔ・Ｈｏｗ」の視点からまとめてみましょう。

【会議】

Ｗｈｙ……なぜ、その会議が開かれたのか？（会議の目的）

What……会議で何が話し合われたのか？　何が決定されたのか？（会議の内容）
How……決定事項を、今後、どのように進めていくのか？（今後の計画）

【新企画のプレゼンテーション】
Why……なぜ、この企画をしたいと考えたのか？（企画の目的）
What……その企画のポイントは？（企画の内容）
How……スケジュール、発注先、予算などはどうするか？（企画の実施に向けて）

【クレーム処理の報告】
What……具体的なクレーム内容とは？（クレームの内容）
Why……なぜ、そのようなクレームがくる事態になったのか？（クレーム発生の原因）
How……どう対処したか？　今後、同じ問題を発生させないためにどうするか？（クレームへの対処）

クレーム処理の例のように、Why、What、Howの順番はケースに応じて前後してかまいません。こうして「3つの疑問詞×3ポイント」で「構造化」してしまうことで、自分にとっても、相手にとってもわかりやすいまとめ方ができます。

では、どうやってこの構造によるまとめ方を実践するか。これも「エクセル1」を活用します。次のように、少し書き方を変えるだけです。

1 153ページの図のようなフレーム数16の「エクセル1」を用意し、緑色のペンで1行目に「Why」「What」「How」に関する質問文、1列目に「3つのポイント」という意味で「P1?」「P2?」「P3?」と記入する

↓

2 緑色のペンで「日付」と「テーマ」を記入する

↓

3 青色のペンで、3つの構造の答えを埋めていく。記入後、必要に応じて赤色のペンで加筆修正する

「エクセル1」で「Why・What・How」をまとめる

会議のまとめの例

（日付とテーマ）

20××.4.× 会議のまとめ	Why 会議の目的は?	What 何が決まった?	How 今後はどうする?
P1?	残業削減要請の情報共有	強制退社	❷ 20時消灯
P2?	削減案の検討	早帰りデー	❶ 水曜日に定時退社
P3?	実施策を決める	業務の見直し	業務リストの提出

それぞれポイントを3つずつ書き出す

新企画のプレゼンの例

20××.4.× 企画書の構成	企画の目的は?	企画の概要は?	どう実現する?
P1?	○○○	○○○	○○○
P2?	△△△	△△△	△△△
P3?	□□□	□□□	□□□

クレーム処理の報告の例

20×× 4.× クレーム処理のまとめ	クレーム内容の概要は?	クレームが起きた原因は?	改善策は?
P1?	○○○	○○○	○○○
P2?	△△△	△△△	△△△
P3?	□□□	□□□	□□□

※「1枚」で書きにくい場合は、119ページ同様質問ごとにエクセル1を書いて計「3枚」にしてもOK

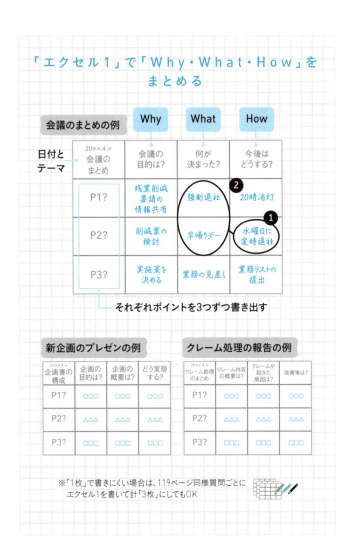

さて、いかがだったでしょうか。こうやって「Ｗｈｙ・Ｗｈａｔ・Ｈｏｗ」と前項の「Ｗｈｅｎ・Ｗｈｅｒｅ・Ｗｈｏ」との2つにいったん分け、3つずつ実践していくと、結果的に「5Ｗ1Ｈ」すべてを縦横無尽に使いこなせるようになります。「気づいたらそうなっていた」というのが理想です。

ＰＡＲＴ1で示した通り、大半のビジネスパーソンは「5Ｗ1Ｈ」を知ってはいますが、実践では大して使いこなせてはいません。つまり、ここまでの内容を実践できれば、あなたはあっという間に〝その他大勢〟から抜け出せるわけです。

「過去・今・未来」で考えをまとめる

続いて「3つの構造」で考えをまとめる2つ目のパターンを紹介します。

それは「過去・今・未来」の時系列に沿ってまとめていく、というもの。

たとえば会社で人事面談が行われたとしましょう。このとき上司に伝えるべきことを、次のような観点から3つにまとめてみます。

過去……これまで、どう業務に取り組んできたか？
今……今回、報告・連絡・相談したいことは何か？
未来……今後、どういったキャリアを歩んでいきたいか？

あるいは顧客からクレームを受けて、それについて上司に報告するとしましょう。
この場合、次のような観点でまとめることができます。

過去……どのようなクレームがきたか？
今……現在、どういう状況か？
未来……今後、どういう対応をとるか？

また、商品企画を説明するときには、過去をビフォー、今を現在、未来をアフターと考えて、次のようなまとめ方もできます。

過去……既存商品の問題点は？

今……いまの市場ニーズは？
未来……今後、どんな商品を投入する？

ちなみに、実際に説明する場面では、必ずしも「過去→今→未来」という順番通りでなくてかまいません。**クレームの状況報告のように、まずは現況から伝えたほうがいいケースもあるでしょう。**「過去」「今」「未来」の流れに沿ったうえで、実際に説明するときの順番は臨機応変に変えてください。

1 157ページの図のようなフレーム数16の「エクセル1」を用意し、緑色のペンで1行目に「過去」「今」「未来」に関する質問文、1列目に「P1?」「P2?」「P3?」と記入する

↓

2 緑色のペンで「日付」と「テーマ」を記入する

↓

3 青色のペンで、3つの構造の答えを埋めていく。記入後、必要に応じて赤色のペ

「エクセル1」で「過去・今・未来」をまとめる

上司との面談の例

日付とテーマ

20××.4.× 上司との面談	過去 これまでの取り組みは?	今 今回特に相談したいことは?	未来 今後はどうしたい?
P1?	営業目標達成	部下の指導	部下の目標達成率アップ
P2?	個人では3期連続	やる気のない部下への対処	社長賞の獲得
P3?	部下の育成	モチベーションアップ	海外駐在

それぞれポイントを3つずつ書き出す

クレーム報告の例

20××.4.× クレーム報告	どんなクレームがきたか?	いま、何が問題?	今後の対応策は?
P1?	○○○	○○○	○○○
P2?	△△△	△△△	△△△
P3?	□□□	□□□	□□□

商品企画の例

20××.4.× 商品企画	既存商品の課題は?	いま求められているのは?	どんな商品を今後投入?
P1?	○○○	○○○	○○○
P2?	△△△	△△△	△△△
P3?	□□□	□□□	□□□

※「1枚」で書きにくい場合は、119ページ同様質問ごとにエクセル1を書いて計「3枚」にしてもOK

「時系列」でまとめる。これも、一見何のユニークさもない地味なアドバイスに聞こえるかもしれませんが、従来の「時間軸でまとめる」ものの大半は「動詞」レベルの紹介で留まっているものばかりです。

ここで挙げた動作化の例を通じて、実際に手を動かしながらやってみてください。「知って満足」からようやく卒業できることをお約束します。

「松・竹・梅」で考えをまとめる

最後にご紹介するのが「松・竹・梅」の構造でまとめるパターンです。

これはたとえば、数万円するような高価な買い物をするときを考えてみてください。実際に買おうとすると、少なくとも3軒くらいお店を見て、値段や細かい違いを比べたうえで判断したいと思いませんか。

店員さんにどんなに強くすすめられても、それが最初に訪れたお店なら、よほど気に入ったものでない限り「でも……やっぱり、もう少しほかのものも見てから決めたい」と思うのではないでしょうか。

ビジネスの場でも、同じような心理が働きます。

たとえば「新製品にどの仕様を採用するか」というテーマで議論がなされているとしましょう。あなたが合意を取りつけたい仕様を仮にB案としたとき、どうやってその案を説明するといいでしょうか？

多くの人がついやってしまいがちなのが、B案の詳細な資料だけ用意して、その説明をくどくどとしてしまうこと。

でも、1軒のお店だけで高価な商品をすすめられるのと同じで、1つの案だけでは「イエス」と判断しにくい場面が多々あります。

「イエス」か「ノー」か、判断されなければあなたの仕事は進みません。そして、仕事ができる人ほど、常に「どうしたら仕事が進むか」を考えて行動しています。

では、このような場合において、仕事を停滞させず、かつ希望通りB案を通すにはどうすればよいか。

ここで「松・竹・梅」パターンの出番です。

これは、要は「グレードの異なる3つの案」を用意して並べるということ。

よく、幕の内弁当やうな重などのメニューが、グレードによって「松・竹・梅」と分かれているのを見たことはないでしょうか。

当然、内容に比例して値段も上下するのですが、「松・竹・梅」の3つの選択肢がある場合、もっともよく注文されるのが真ん中の「竹」だといわれています。

「いちばん安いのは値段で妥協しているみたいだし、いちばん高いのはちょっと勇気がいる……ここは、無難で安定感のある真ん中のやつにしよう」

同じように、通したい案を提案するときは、それを真ん中のグレードの「竹」案として、別のグレードの「松」案と「梅」案を用意するのです。

すなわちB案が予算300万円を設定しているとしたら、条件を変更して500万円でできるA案と、100万円でできるC案を用意するのです。ポイントは、通したい案を真ん中の「竹」案にすることです。

こうすれば、自分の案を通しやすくなるだけでなく、「3つのうちどれかを選ぼう」、もしくはそのまま採用とはいかずとも「こちらの方向性で調整を進めよう」と相手の判断を仰ぎやすくなるので、仕事が停滞しにくくなるのです。

「エクセル1」で「松・竹・梅」をまとめる

新製品の提案の例

20××.4.× 新製品の仕様提案	A案（松）	B案（竹）	C案（梅）
サービス内容	4つ	3つ	2つ
価格	500万円	300万円	100万円
サービス期間	1年	半年	3か月
担当者	5名体制	3名体制	1名体制
メールサポート	24時間対応	日中対応	なし
出張サポート	毎月	2か月に1回	なし

「比較項目」を書き出す

いちばん通したい案を真ん中に

1 上図のようなフレーム数32の「エクセル1」を用意し、緑色のペン✎で1行目にそれぞれ「A案」「B案」「C案」、1列目に「比較項目」を記入する（すべて埋める必要はありません）

←

2 緑色のペン✎で「日付」と「テーマ」を記入する

←

3 まず赤色のペン✎で、通したいB案の情報を埋め、その後青色のペン✎で、条件を変えてA案・C案の情報を埋めていく（色を変えるのは、「通したいのはB案」という目的を見失わず、意識し続けるため）

ただ「図解」にしただけではわかりにくい理由

「松・竹・梅」の構造は、「心理学をビジネスに応用する」といった文脈では頻繁に登場する話です。「5W1H」同様、「何をいまさら……」と思う人もいるでしょう。

ところが、**この構造を利用しないまま「1つの案の詳細情報ばかりで他案との比較がない説明に終始する人」や「膨大な要素を図解にして、それでわかりやすい説明だと勘違いしている人」に、これまで何度となくお会いしてきました。**これもまた「知ってはいるが、できてはいない」人が大半というのが実態なのです。

ビジネス書のジャンルでも、いわゆる「図解本」を何冊か読んだことがあるのですが、「構成要素が多すぎてわかりにくい図解」ばかりで、読むのを途中でやめたという経験があります。

たしかに、図解は「構造」をわかりやすく見せる方法として有効ですが、「量が多いままの構造」を図解しても、それはせいぜい専門家にとって理解しやすい説明にしかなりません。**構造的にわかりやすくしても、量的にわかりやすくな**

ければ、伝わりやすくはならないのです。

あなたがもし、説明したい内容について「数を絞る」感覚がまだ腑に落ちていないとしたら、図解して「構造」を見える化してみたところで、専門家でない相手には相変わらずわかってもらえないでしょう。

そんなときこそ、**「松・竹・梅」**の出番です。

このパターンのメリットは、1つひとつの案について事細かく説明を連ねなくても、相手に「わかった」と感じてもらいやすい点にあります。

伝えたい内容をまとめることが難しいのであれば、説明方法を「3つの比較」にしてしまえばいい。「松・竹・梅」をすでに知っているという方も、こうした発想転換の手がかりとして、捉え直してみてはいかがでしょうか。

「エクセル1」の作成を繰り返すことで、ぜひ、これらの構造への親近感を高めていってください。手順はシンプルですから「できない」ということはないはずです。

あとは「やるかやらないか」だけ。

時折、本の感想として「情報量が多くてコスパがよかった」といったコメントを見かけますが、これが「網羅性」や「過剰な数」に価値を置いた見方だというのは、ここまで読んできたあなたなら、もうおわかりだと思います。

少なくとも本書は、そうした世界観では書かないようにできるだけ努めました。特にビジネスジャンルの本の価値は、書かれている内容をほんの1か所でもいいから「やったかどうか」です。そしてその結果「日々のなかでビフォーアフターを体験できたか」です。

これまで本の分厚さや内容の濃さで「コストパフォーマンス」をはかってきた覚えのある方は、本書を通じ「やってみる楽しさ」をぜひ味わってください。

それでは、仕上げとなる「伝える」ステップに移りましょう。

RED
BLUE
GREEN

どうすれば、
説明上手になれるのか？

方法

その③

「3つの動作」で「伝える」

冒頭で「ポイントは3つあります」と言う

ここでもう一度、わかりやすい説明をするための3つのステップを確認しておきましょう。

わかりやすい説明をするためには、

情報を整理する　↓　考えをまとめる　↓　伝える

という3つのステップが必要だとお伝えしました。

ここからは、3つ目の「伝える」にフォーカスを当てていきます。

「伝える」コツもまた、ほかのステップと同じように数多く存在しますが、あえてひとことでいってしまえば、**最初に「ポイントは3つあります」と言い切ってしまうこと**です。煎じ詰めるとこれに尽きます。

たとえば上司に業務報告をする場合なら「お伝えしたいポイントは3つあります。まず1つ目は……」と切り出す。新企画のプレゼンテーションなら「これから目的・詳細・実施策の3点についてご説明します。まず目的ですが、ポイントは3つあって……」といった具合に始めるのです。

話の出だしを決めておくことで、自身が常に緊張せずスムーズに説明を始められますし、冒頭で聞き手に話の「全体像（一覧性）」を示すことも可能となります。

「ポイントは3つあります」

こう言われれば、聞き手は「ああ、これからポイントを3つ、話すのだな」「だったらこれくらいの時間になるのだろうな」といった心構えができます。

これから話す内容のおおよその全体像や先行きが見えると、相手は安心してあなたの伝える内容に注意を向けることができます。

逆にこの入口での説明を怠ると、相手に無用なストレスをかけてしまうため、せっかくわかりやすく整理した内容を、そのまま受け取ってもらえなくなります。

私がこのことを最初に実感したのは、学生時代にある授業を受けたときでした。

生徒たちから人気のあったその先生は、必ず授業の冒頭で「今日は〜について解説していきます」と、その授業で話す内容の全体像を伝えてくれました。

手探り状態で授業を受けるより、「今日はこの方向に向かって進みます」と言われたほうが安心でき、集中力も途切れなかったのです。

企業研修などでも同じです。たとえばトータル3時間の研修を受ける場合、その3時間の大まかな予定をあらかじめ教えてもらえると、安心して講師の話を聞けます。

「最初の50分間は講義を、そのあとにカンタンなワークをやってから休憩をとる予定です。後半は、グループディスカッションを中心に進めていこうと思います」

このように目安を聞いてから受けるほうが、安心・集中できるのです。

そこで、だれかに何かを説明するときには、とにかく冒頭で「ポイントは3つあります」と言ってしまう。聞き手に話の全体像（一覧性）をハッキリと示すのです。

説明スキルを高めるいちばんの近道

前項を読んで、おそらくこう心配した方もいるでしょう。

「そもそもうまく3つにまとまっていない場面では、とにかく『ポイントは3つあります』なんて言えるわけがない……」と。

もちろん「どうすればポイント3つにまとめられるか」の具体的なやり方については、先に解説済みです。とはいえ、**事前に準備する時間がとれず、いきなり説明しなければいけない場面**も当然ありえるでしょう。私の場合であれば、セミナー後の質疑応答などがこれに該当します。

質問を受けたあと、「エクセル1」を書いて思考整理している余裕はありません。

それでも私は、よくこう宣言してから話を始めます。「いまのご質問に関するポイントは3つあります」と。

なぜなら、それが説明のスキルを高めるいちばんの近道になるからです。

話が少しそれるようですが、「夢や願望はどんどん口に出して言ったほうが実現しやすい」と聞いたことはありませんか？

周囲に知らせることで協力者が現れるだけでなく、自分のマインドも実現に向かうモードに自然と切り替わるというのです。要は、**口に出すことで――だれかに言ってしまうことで――よい意味で「自分を追い込む」ことができる**のでしょう。

できるかどうかは後回しにして、**「ポイントは3つあります」とまず言い切る**方法には、これと同じような効果があります。「言ったから

には、なんとかポイント3つで説明しなくては」という具合に、頭がフル回転で働き出すのです。

説明が上手な人ほど「いい加減」に話す!?

もちろん、結果的にはうまくいかない場合も多々あるでしょう。

仮に言えたとしても、出てきた「3つ」のポイントがイマイチだったということもあるかもしれません。紙に書いて思考整理しているわけではない以上、それで一向にかまわないのです。

何事も行動からしか始まらない、とは先にもさまざまな形で述べました。

きちんと内容をまとめてから話そうとするあまり、身動きがとれなくなることに比べれば、たとえ失敗したとしても、まず行動したほうが、結果的に「早く考えをまとめられるようになろう」という動機づけになります。

結果、事前に「エクセル1」を書く余裕がある場合には、より積極的に思考整理に取り組むようにもなるでしょう。

その積み重ねこそが、あなたの説明スキルを高め、ひいては、いきなり「3つにまとめて説明できてしまう」体験にもつながっていきます。

まずは、仕事にあまり影響のない場面でかまわないので、日常的に「3つのポイント」で伝える癖をつけてみてください。


たとえば人気のリゾートホテルに泊まり、その感想を友人に聞かれたとしましょう。そんなときにも、こんなふうに話を始められます。

「すごくよかったよ。特に印象に残った点は、えーと、3つあって……」

たとえ、その場ですぐ浮かんだポイントが1つだったとしても「3つある」と言い切ったうえで、1つ目を話している間に「あとの2つは何があるだろうか？」と考えるくらいでいいのです。

「そんないい加減なことでいいの？」と思うかもしれませんが、わかりやすくまとめて説明することが得意な人の多くは、このスタイルで説明をしています。

実際、以前ビジネススクールに勤務していたとき、各界で活躍する経営者の方の講演やディスカッションを取材する機会が多数あり、こうした話し方を何度も目にしてきました。

なかには、「ポイントは3つある」と言って話し始めたのに「あ、3つと言ったけれど、結局2つでしたね（笑）」などと訂正して締めくくる人もいました。あるいは訂正もせず、まだ2つなのに3つしゃべったかのように振る舞うケースもありました。

ですが、それで説明を受ける相手からの印象が悪くなったり、内容がわかりにくくなったりするかというと、そんなことはありません。失敗しても、何らリスクのある話ではないのです。

むしろ、こうしたリカバリーの経験も含め、とにかく場数を踏むことのほうがはるかに大事です。だから、まとめる力がつく前の段階から「ポイントは3つあります」と宣言して説明することを始めてほしいと思います。

「わかりやすく伝える」をかなえる最強の「3つの動作」

さて、「最初に『ポイントは3つあります』と言い切ってしまう」――これだけで

「伝える」力が上がることは間違いないのですが、まだ話を終えることはできません。「ここで終えると、ほとんどの人が実践せずに終わるから」です。

これまでも「3つにまとめる」ことの重要性を説く本はいくつも出ていましたが、それを読んだ人の多くが大して実践できなかったのは、ひとえに「動作」にして学んでいなかったからです。「〜と、言い切りましょう」では、まだ不十分なのです。

そこで、ここからが本書の真骨頂です。「伝える」ステップを無事にだれもが実践できるよう、「3つの動作」に変換してご説明していきます。

いま一度明記しておきますが、動作化の条件は「だれもが行動に移せるほどシンプルで、カンタンな表現」でした。「拍子抜け」する準備はよろしいでしょうか。

「伝える」ための「3つの動作」、それは——

- ポーズをとる
- 見せる
- 指さす

この3つです。

いかがでしょうか。以下、それぞれの「動作」について解説していきます。

「伝える」を動作にする超シンプルな方法

最初の「動作」は、**「ポーズをとる」。**具体的には、指３本で次のような形をつくります。

人によっては「あれ？　この形どこかで見たことあるぞ」などと思われたかもしれません。

私自身は、このポーズを**「フレミング・ルーティン」**と呼んでいます。

中学校の理科の授業で習った「フレミングの法則」——その名前になんとなく聞き

覚えはあるでしょうか?

　といっても、法則自体を理解している必要はまったくありません。よく思い出せない場合も、ぜひ、実際に先ほどのポーズを自分の手でやってみてください。きっと、だれでも心当たりがあるはずです。特に「左手」の指で同じようにポーズをとれば、こんな記憶が蘇《よみがえ》ってくるかもしれません。

　それは、理科のテスト中のことでした。ある問題の箇所に差しかかると、クラスのあちらこちらでポーズを構える生徒が現れます。そして、声なき声で「電・磁・力・電・磁・力・電・磁・力」とブツブツ唱え始めるわけです。

　一瞬、あやしい団体かと疑ってしまうようなあの不思議な光景を、あなたもきっとどこかで

見たことがあるのではないでしょうか。

そんな、遠い記憶の片隅に残っているあのポーズを、「伝える」ときの具体的な動作にアレンジして取り入れてみようというのが、この方法のコンセプトです。

実際は左手でも右手でもかまいませんが、3つのポイントで説明したいときに、とりあえず「フレミングの法則」にそっくりな3本指ポーズをつくってみるのです。

すると、この独特なポーズが、本書の学びを呼び覚ますトリガーとして機能します。

あとは、説明をスタートする前に、まず相手にこのポーズを見せる。見せたら、反射的にこう言ってしまうよう練習していきましょう。


「この案件のポイントは、3つあります」

「背景・課題・対策の3つについて、説明をさせていただきます」

「なぜ、そう言えるのか？　理由を3つ、これから説明します」


「動作化」にもレベルがあります。「こう言えばいいよ」で済ませず、「フレミング・ルーティン」というポーズが伴うからこそ、より行動に起こしやすい動作に変換されます。また、「言う」ではなく「ポーズをつくる」という、より具体性の高い動作が設定されていると、繰り返し実践しやすいため、習慣化の道も開けてきます。

一流アスリートはなぜ、「決まった動作」を繰り返すのか？

先ほどのポーズを「フレミング・ルーティン」と呼んでいるのには、もう1つ理由があります。

「ルーティン」という言葉、どこかで聞いたことがあるでしょうか？

スポーツの世界で、時折トッププレーヤーがいつも決まった動作をしている姿を目にする場面があります。

野球であれば、イチロー選手がバッターボックスに入るまでの動作。体操であれば、内村選手が演技を始める前に行う動作。ラグビーの五郎丸選手の動作については、流行にもなったので記憶している方も多いと思います。

彼らはなぜ、決まった動作を繰り返すのか？——理由は、**一定の動作をきっかけ**

に、最大限パフォーマンスを発揮できる状態の自分を、半ば機械的に再現するためです。自分の最高のパフォーマンスを、安定して発揮するための準備動作、これが「ルーティン」です。

ところで、あなた自身はふだん仕事をするとき、どれくらいこうした身体動作を伴う「ルーティン」を持っているでしょうか。

もし、「そんなの1つもありません」ということであれば、ぜひ本書でご紹介している「動作」を、そのまま仕事のルーティンにしてみてほしいのです。「わかりやすい説明を量産する」ための「ルーティン」集として、本書は有効に機能するはずです。

動作の積み重ね、すなわち「習」ったことを「慣」らすことで「習慣」はつくられます。そして習慣は、次第に思考をも変えていきます。

「3つにまとめて説明する」という基本が、もしまだ十分自分のものになっていないのだとしたら、要するに「動作」を伴わない形でなんとかしようとする方法自体が、根本的に間違っているのです。

パソコンに何か新しい機能をインストールするときも「クリックして保存」という「動作」が伴います。一方、**人間は「動作」を「繰り返す」ことで、初めてインストールができます。だからこそ「動作」はシンプルでないといけません。**

ただし、あまりにシンプルな動作だと、意識づけとしては弱いという弱点もあります。先のトッププレーヤーたちのルーティンは、どれも独特な動きばかりです。

だから私たちも、少し変わったポーズで意識づけをはかるくらいがいいのです。これが、あえて「フレミング・ルーティン」をおすすめする理由です。

もちろん人によって、同じ「指3本でポーズをとる」なら、人差し指・中指・薬指の3本でつくる「スリー・ピース」スタイル、あるいは、親指と人差し指で丸をつくり、残りの中指・薬指・小指の3本を立てる「OKサイン」スタイルのほうが、実践しやすいと感じるかもしれません。

ポイントは、「やりやすさ」と「ユニークさ」のバランスです。そのなかで、自分なりにどれを取り入れるか決めていただければOKです。

たった「ひと工夫」で伝わりやすさは激変する

さて、「フレミング・ルーティン」による説明は、基本的に「口頭のみ」のコミュニケーションを前提とした場合の「動作」です。

ペーパーレス化が進み、パソコンやタブレット、スマホなどの普及が著しい時代ですから、口頭でばかりコミュニケーションをとっている人は年々増えています。

実際、受講者の方々とお話ししていると「昔は毎日のように資料をつくっていたのに、ここ数年は1枚も紙の資料をつくらなかった月が、年に何度もある」と言うのです。あなたの職場は、いかがでしょうか？

ところで、もし「あなたの説明が伝わらなくなったのは、説明内容そのものよりも、口頭でコミュニケーションをやっているからだ」と言われたら、いかがでしょうか。説明がうまくいかなかったときの場面を振り返ってみると、「口頭だった」というケースは案外多いのではないでしょうか。

私はふだん、講演やワークショップなどの際に、ペアで**「道案内ワーク」**というものをやってもらっています。合計3回やってもらうのですが、まず1回目は、講演会場の最寄り駅から会場までの道案内を、「口頭のみ」で説明してもらいます。

続いて2回目は、説明する側の人だけに会場までの道を示した地図を渡して、それを見ながら説明してもらいます。説明を受ける側は、地図を見ることができません。

これに対して、最後の3回目は、説明する側、説明を受ける側の双方が地図を見ている状態で道案内をやってもらいます。

さて、どの場合がもっとも説明しやすく、また、説明を受けているほうも理解しやすいでしょう？

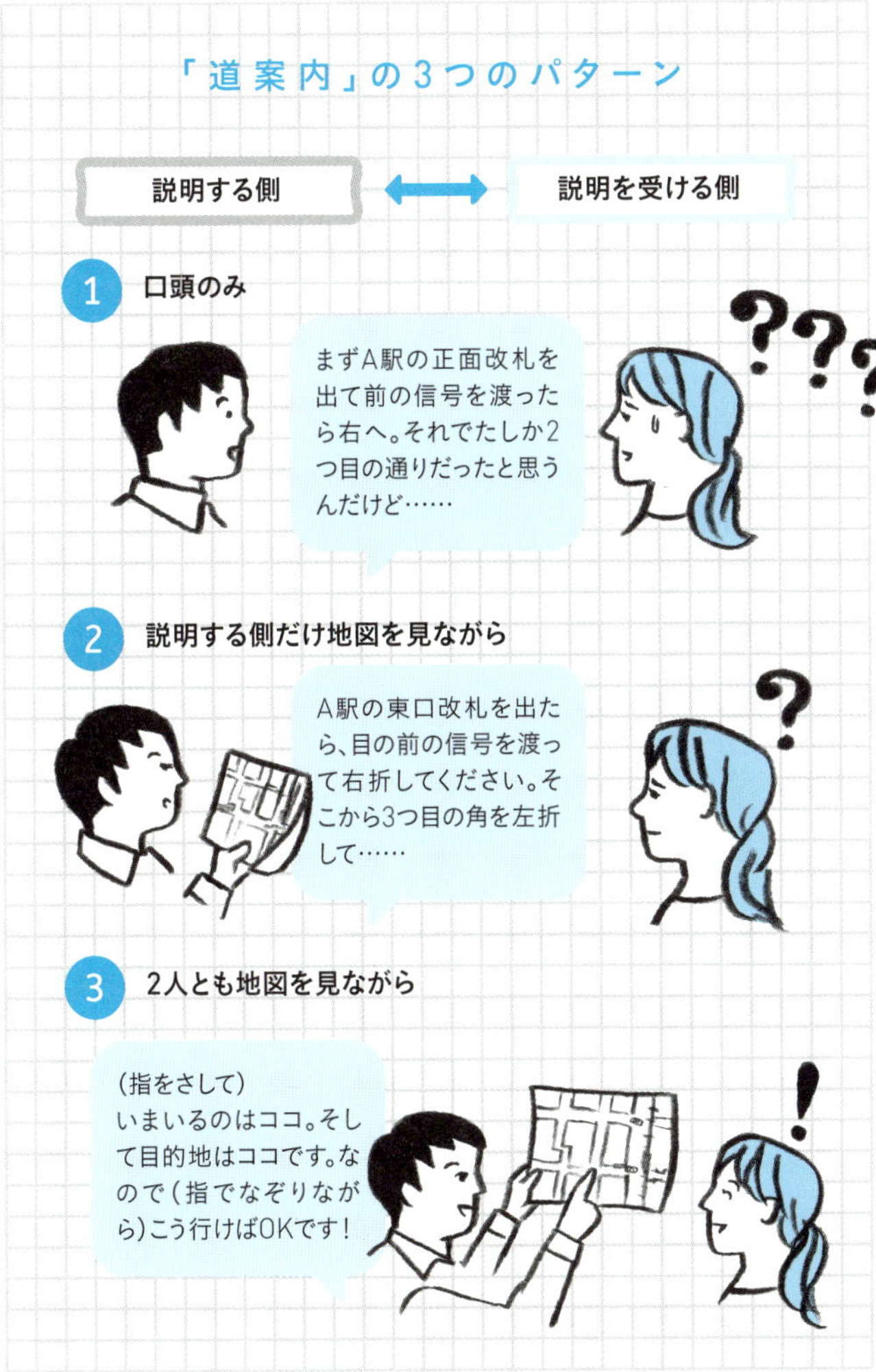
「道案内」の3つのパターン
説明する側
説明を受ける側
1 口頭のみ
まずA駅の正面改札を出て前の信号を渡ったら右へ。それでたしか2つ目の通りだったと思うんだけど……

???
2 説明する側だけ地図を見ながら
A駅の東口改札を出たら、目の前の信号を渡って右折してください。そこから3つ目の角を左折して……

?
3 2人とも地図を見ながら
(指をさして)いまいるのはココ。そして目的地はココです。なので(指でなぞりながら)こう行けばOKです!

!

――あなたの予想通り、答えは3回目です。

1回目、2回目との違いは**「見せて」伝えているか。**

たったこれだけのことですが、**この動作があるかないかによって「説明のしやすさ」と「説明のわかりやすさ」両方の難易度がまったく変わってくるのです。**

このワークを体感してもらったうえで、私は参加者にこう強調します。

「『伝わりやすい説明』を量産したかったら、いつも『道案内ワークの3回目』の状態に持ち込みましょう」と。

ペーパーレスが犠牲にしている コミュニケーションの「本質」

「フレミング・ルーティン」で「ポイントは3つあります」と宣言する。この動作に加えて、伝えるときはできるだけ、その3つがまとめられた資料を配布して、見せながら伝えるようにするのです。

その際は、パソコンやタブレット端末の画面より、紙で見せることをおすすめします。紙のほうが聞き手の脳がよく働き、こちらの説明を理解してもらいやすくなるからです。

あなたにもこういう体験があるはずです。パソコン上で完璧だと思ってプリントアウトした資料を見返したら、次々に間違いが見つかってしまう……デジタル端末では、集中力や理解力が紙に比べて落ちてしまうのです。

「紙で見せて伝える」。20年前のビジネス環境だったら、こんなアドバイスに何の価値もなかったと思いますが、ペーパーレスかつデジタル化が盲目的に推奨されている現在において、これは立派な処方せんになりえるのです。

実際、受講者の方たちのコメントを見てみると、次のような感嘆の声がたくさん並びます。

「見せて伝えるコミュニケーションなんて、まったく意識してやっていなかった」
「まさか、伝わらない理由がこんなにシンプルだったとは……目からウロコでした」
「タブレット端末ばかりで、紙資料の配布は最近まったくしていませんでした」

文字にするとじつにあっけないのですが、この「見せる」という動作は、現代のビジネスコミュニケーションにおいて、知らず知らずのうちに忘れ去られようとしている絶滅危惧種のようなものなのです。

さて、「3つのポイント」を、どう資料で見せて伝えるか。私が会社員時代から徹底していた資料のスタイルは**「1枚×フレーム×テーマ」**によるレイアウトです。たとえば、次ページの図のようなイメージです。

ご覧の通り、一見してこの資料のポイントが「3つ」であることが読み取れると思います。それを可能にしているのが「フレーム」の力です。

こうやって**「フレーム」のある資料をつくることで、だれでもカンタンに、3つのポイントがひと目でわかる資料を作成できるようになります。**

そして、こうして「3つのフレーム」でレイアウトした資料を会議などの参加者に配り、なおかつ「ポイントは3つあります」と言って説明を始めることを基本にすれば、もう金輪際「で、結局キミの言いたいことは何なんだ」「ポイントはいったい全部でいくつあるんだ」とツッコまれることはなくなるでしょう。

「3つのポイント」を紙1枚にまとめた資料

○○部長殿、ホームページ関係部署各位

20XX年4月X日
○○グループ

ホームページの英語版リニューアル実現に向けて

1.リニューアル目的

要点	詳細
①現状は場当たり的に運営	
②英語版の位置づけが不明瞭なまま	
③来期から海外展開を強化という全社方針	

2.リニューアル内容

要点	詳細
1)HP運営目的の明確化	
2)コンテンツの絞り込み	
3)新規コンテンツの制作・追加	

3.今後の進め方

要点	詳細
a)期限:来年3月末までに公開	
b)3社コンペで制作会社を決定	
c)予算は2パターンを想定	

※このフォーマットのExcelデータを、巻末の特典ページURLからダウンロードできます

伝えるときは「口頭」で済まさず、できるだけ「見せる」。それも「3つにまとまっている」ことが一見してわかるような資料で「見せる」。

ぜひ、仕事の報告・連絡・相談などの場面で役立ててください。

説明上手な人たちがやっているもう1つの「ある動作」とは？

説明内容について「エクセル1」を書きながら「3つにまとめ」、それを資料化して相手に「見せて」伝える。

その際、3本指を掲げて（フレミング・ルーティン）「ポイントは3つあります」と言って説明をスタートする。

あとは資料を引き続き見てもらいながら、指の形を変えて「1つ目」「2つ目」「3つ目」という具合に説明を積み上げていく。

もし、ここまで動作を積み上げて「わかりやすい説明」を実践したにもかかわらず、なお相手に伝わらない場面に遭遇したとしたら……。

最後に、この事態を打開する、**とっておきの「動作」**をあなたにプレゼントしたいと思います。といっても、変な期待はしないでくださいね。最後も所詮はあっけない、単純な動作にすぎませんから。

……と、答えを明らかにする前に、今回は体験談から入ります。

会社員のころ、「どうすれば説明上手になれるか」への関心がひときわ強かった私は、仕事で説明上手な人に出会うたびに、その一挙手一投足をつぶさに観察していました。

もちろん、その目的は共通する動作を抜き出し、「型」化して実践するためです。

あるとき、大人数が集まる役員報告会議に長時間参加し、いろいろな方の報告を観察できる機会がありました。すると、明らかに報告がうまい人と下手な人に分かれていることに気づきました。

報告がうまい人たちは「ある動作」を行い、下手な人はそれを怠っていたのです。

いったいどんな動作だと思いますか？

最後まであっけない答えで恐縮ですが、その動作とは、これです。

指をさして説明する

短時間であっさり報告できている人の大半が、資料の該当箇所を指さし、「この点についてご説明します」という動作を自然とやっていました。

一方、報告が紛糾し、大幅に時間を延長して周りに迷惑をかけている説明者は、ほとんど例外なくこの「指さし」を怠っていました。

指で相手の意識を操る「視線のマネジメント」

「指をさす」というとてつもなくシンプルな動作が、なぜこれほどまでに大きな結果の差につながっているのでしょうか。

キーワードは**「視線のマネジメント」**です。

たとえば、会議室にまっさらなホワイトボードが置いてあったとしましょう。そして、「ホワイトボードを見てください」と言われたらどうでしょうか。

あなたの視線はホワイトボードに向くと思いますが、おそらく5秒も経たないうちに、その視線は別の場所にそれていくでしょう。**視線と意識はつながっていますので、視線の集中が途切れれば、あなたの集中も途切れ、理解力が落ちてしまいます。**

一方で、もしホワイトボードにフレーム数8の「エクセル1」が書かれていて、なおかつ前に私が立っていたとしたら。そして、フレームの1つを指さしてこう言ったとしましょう。「ホワイトボードを見てください」と。

先ほどとまったく同じセリフですが、結果は変わってきます。

私がホワイトボード上で、指をさすフレームの位置を順番に動かしていくと、あなたの視線

はホワイトボードに書かれたフレームの範囲内に留まり続けるはずです。結果、あなたの意識もその場に集中でき、理解力も増すはずです。

もし自分の説明したい内容が、ホワイトボードのフレーム内に書かれているとしたら。はたして「指さしあり」と「指さしなし」、どちらのほうが、相手はあなたの説明に集中しやすく、理解しやすくなるでしょうか。

話を役員報告会議のときに戻しましょう。
相手は大企業の役員です。大量の案件を抱え、分刻みのスケジュールをこなしながら、日々忙しく過ごしています。とはいえ、人間である以上、常に目の前の報告内容に全力集中、というわけにもいきません。前後の報告案件が気になっている場合もあるでしょうし、単純に体調がすぐれないときだってあるでしょう。
もし、自分が説明する際にたまたま相手がそうした状態だったとしたら――いくらこちら側が「わかりやすい説明」を駆使したとしても、意図した通りには受け取ってもらえないケースもありえます。
そんなときこそ「指さししながら、説明する」という「動作」によって、自然と自分の説明に集中してもらえるようにすればよいのです。

先ほどのホワイトボードのケースで説明した通り、**指さしによって、ヒトの視線は必ず指をさした先に向かいます。**

すると、視線だけでなく意識や気持ちも視線の先に向くことになります。結果、**視線の先に書かれていることに集中できるようになるため、こちらの説明を短時間で理解してもらいやすくなるのです。**

これが「視線のマネジメント」というキーワードの種明かしです。「指さし」によって相手の視線を誘導し、自分の説明を聞いてもらいやすくなるよう、チューニングをしていくのです。

ところで、この「指さし」動作を実践するためには、ある大切な前提があります。「指をさした先に、何かがなければならない」、すなわち「口頭だけのコミュニケーションでは、指がさせない」ということです。逆に、資料があれば、その資料に視線を向けさせるだけで、説明する内容に集中してもらうことが可能です。

「なぜ、資料をつくってコミュニケーションをする必要があるのか」といえば、それ

はさかのぼると「見せて」伝えるためであり、もう1つ、「指さし」で視線を資料に集中させることで、こちらの説明を短時間で理解してもらうためでもあるのです。

せっかく準備した内容を、無事に「わかりやすい説明」として相手に受け取ってもらうためにも、可能な限り「見せて」伝えられる資料を用意しましょう。

ペーパーレスは決して、「ペーパーゼロ」を意味するものではないはずです。「見せて伝える」という手段をもがれた、現代のビジネスパーソンたちに生じている膨大なコミュニケーションロス。この問題にどうか気づいてください。そして、資料を「見せる」ときには、「指さし」をしながら説明するようにしましょう。

時々「指示棒でもいいですか」「ペンでもいいですか」といった質問を受けますが、もちろんかまいません。どうか本質をつかんで、ご自身で応用していってください。

こうした動作の組み合わせにより、相手は確実にあなたの説明に集中してくれるようになります。あとは、冒頭でこう宣言して始めるだけ。

「ポイントは、3つあります」

【PART 3のまとめ】に代えて ～「わかったつもり」からが本当のスタート～

以上で、「わかりやすい説明」をするための説明を終わります。

前段階の準備から、説明への入り方、そして説明中の指の動きに至るまで、徹底的に「動作レベル」で実践できるようにお伝えしてきました。

したがって、**本書を読み終えた状態はまだ、「わかりやすい説明」のスタートラインに立ったにすぎません。**

どうかこの本を読んで「わかりやすかった」という感想だけで済まさないでくださ い。「とってもわかりやすかったです」という読者感想をいただいたとしても、私は心の底からは喜べません。なぜなら、「わかっただけでは意味がないから」です。

ぜひ、各動作を実践してみて、その体験談を私にお寄せください（連絡先は巻末に記載のウェブサイトでわかります）。

あなたからの報告を心待ちにしながら、本書を終えたいと思います。

あとがき

この本を書きながら、読み手として頭に思い描いた人が「3人」います。

最初の1人は「うまく説明できなかったがために、仕事でつらい思いをしたことがある人」。

いかがでしょう。本書を通して「なぜ、あのときうまく説明できなかったのか」「何が、ポイントだったのか」「どうすれば、わかりやすい説明になったのか」といった疑問について、見通しはよくなったでしょうか?

苦い過去をもう二度と繰り返さないための処方せんを「動作」にしてお渡ししました。ご活用いただければ幸いです。

もう1人は「ビジネス書の著者」あるいは「ビジネススキルを広めている講師の方」です。本書のなかで、私は繰り返しこう強調しました。現在のビジネス書やビジネススキルセミナーの世界は「動詞」であふれている、と。あるいは「4つ以上」の過剰な数の情報であふれていると。

ビジネス書やビジネススキルの学習が大好きだった私は、社会人になって以降、毎年、年収の1割以上のお金を自己投資に充ててきました。

なかにはほんとうにすばらしい書籍や教材、セミナーもあったのですが、残念ながらがっかりさせられること、あきれてしまうこと、憤りを感じることが多かったのも事実です。

「いい仕事をしたかったら徹底的に考え抜こう（どうすれば徹底的に考え抜けるかは不明）」「この『50のテクニック』で鬼に金棒です（そもそも50個も覚えられない）」「この法則に基づいて働くことを習慣化すれば、だれでも残業は減らせます（肝心の、どうすれば習慣化できるかへの言及はなし）」……など。

正直に打ち明けるなら「もういい加減にしてくれ！」と、セミナー会場で1人イライラすることが何度もありました。なぜ「1人で孤独に」だったのかは、本書でお伝えした通りです。

教える側も、学ぶ側も、「動詞」レベルかつ「過剰」な数のコミュニケーションが当たり前になりすぎていて、「これでは実践で役立てられない」という感覚自体が麻《ま》痺《ひ》しているように感じました。

だからこそ、まずは「教える側」を担う方々にこそ、自身のコンテンツを見直してほしいと願い、本書のメッセージを世に問うことにしました。

「動詞」でごまかしている部分はないか、安易に「4つ以上の数」でよしとしてしまっていないか、「網羅できた」といって自己満足していないか。……本書を通じ、ビジネス書やビジネスセミナーの水準が、少しでも向上していくことを切に望みます。

最後の1人は、本書の執筆中に誕生した「息子たち」です。1人といいながら「息子たち」と書いたのは、じつは私だけでなく、本書の担当編集者さんにも、お子さんが生まれたからです。少子化の時代にあって、これはほんとうに奇跡的な偶然、ご縁だと思います。本書は、担当編集者さんと私の双方にとって「父となって初めての書籍」となりました。

いま、父として思うことが3つあります。

1つ目は「子供に見せて恥ずかしくない本にしたい」ということ。

もちろん、これまでの書籍も世に問うて恥ずかしくない内容として上梓《じょうし》してきましたが、抽象的な「世」と具体的な「子」では、臨場感がやはり違います。子供の泣き声に包まれながら執筆する状況も多々ありましたが、身の引き締まる叱咤《しった》激励の声として、すべてが本づくりの原動力となりました。

2つ目は「子供の役に立つ本にしたい」ということです。

息子たちが社会に出る日はまだ先のことですし、20年後の世界がどうなっているのか、現時点ではよくわかりません。ただ、1つ間違いなくいえることは、ヒトが言葉でコミュニケーションをはかり続ける限り、20年経《た》とうが50年経とうが「わかりやすい説明」ができる力は必要なはずです。

彼らがもし、将来どこかのタイミングで、うまく説明できないがために苦労する場面に遭遇したとしたら……未来の彼らがカベを突破するためのカギとして、本書を贈ります。

3つ目は「子供が世に出たときに、少しはまともなビジネス環境にしておきたい」という願い――むしろ、危機感といったほうがいいかもしれません――です。

本書でお伝えしたようなことが「知られている」「理解されている」だけではなく、当たり前のように「実践されている」環境になっていれば、少なくとも仕事のコミュニケーションで苦労する場面はいまより格段に減るはずです。

ただ、この願いを現実化する試みは、私1人ではどうにも限界があります。だからこそ、多くの方の目に触れる書籍という手段に最大限頼ることにしました。

もし、本書に共感するところがあったのであれば、どうぞ本書の「理解者」である以上に「実践者」となってください。「実践者」として日々仕事をしてくだされば、あなたはそのまま本書の伝道者です。

そうしたビジネスパーソンが1人でも多く増えることこそが、この3つ目の思いの実現につながります。これから一緒に、日本のビジネスコミュニケーションをよくしていきましょう。

最後に、本書は私の思いと同じくらい、いやそれ以上に、支えてくださる多くの方々のサポートによって、あなたの手に届けることができました。

出版社の方々はもちろん、本書の装丁や校正、流通・販売などの各段階で関わってくださっているすべての方、そして何より、本書を世に出すための時間をつくってくれた家族に、深く感謝します。

「わかりやすい説明」で、周囲に優しいコミュニケーションを。

そんな社会を、そんな日々を、これからあなたと一緒に築いていけることを楽しみにしています。

最後までお読みいただき、ありがとうございました。

2017年3月吉日

浅田すぐる

参考文献

『トヨタで学んだ「紙1枚!」にまとめる技術』拙著(サンマーク出版)

『トヨタで学んだ「紙1枚!」にまとめる技術【超実践編】』拙著(サンマーク出版)

『「1枚」で見える化!』拙著(ごきげんビジネス出版)

『PRESIDENT NEXT(プレジデントネクスト)』Vol.21「トヨタ & マッキンゼーで学んだ思考術 & 資料術」(プレジデント社)

『わかったつもり 読解力がつかない本当の原因』西林克彦(光文社)

『7つの習慣 成功には原則があった!』スティーブン・R・コヴィー(キング・ベアー出版)

『「3」の発想 数学教育に欠けているもの』芳沢光雄(新潮社)

『アイディアの神が降りてくる「3」の思考法』齋藤孝(朝日新聞出版)

『大事なことは3つにまとめなさい!』齋藤孝(ビジネス社)

『3は発想のマジックナンバー』飛岡健(ごま書房)

『伝え方が9割』佐々木圭一(ダイヤモンド社)

『伝え方の教科書』木暮太一(WAVE出版)

『わかりやすく〈伝える〉技術』池上彰(講談社)

『頭のいい説明「すぐできる」コツ』鶴野充茂(三笠書房)

『「分かりやすい説明」の技術』藤沢晃治(講談社)

『話すチカラをつくる本』山田ズーニー(三笠書房)

『村上海賊の娘』和田竜(新潮社)

『弁論術』アリストテレス(岩波書店)

『地頭力のココロ 本質を見る問題解決能力を育てる物語』細谷功(SBクリエイティブ)

『黒子のバスケ』藤巻忠俊(集英社)

『ラグビー日本代表を変えた「心の鍛え方」』荒木香織(講談社)

『絶対内定』シリーズ 杉村太郎(ダイヤモンド社)

『「心のブレーキ」の外し方』石井裕之(フォレスト出版)

『新装版 人生の座標軸「起業家」の成功方程式』堀義人(東洋経済新報社)

『脳と体の疲れを取って健康になる 決定版 ゆる体操』高岡英夫(PHP研究所)

『「いまの説明、わかりやすいね！」と言われるコツ』

「3×3」サポート特典

最後までお読みいただき、ありがとうございました。
感謝の気持ちを込めて、
また、本書の学びを十分に実践していただけるように、
「3つのテーマ×3種類」の特典をご用意いたしました。

・3つの「理解」サポート特典
・3つの「実践」サポート特典
・3つの「継続」サポート特典

以下の専用ウェブページより詳細をご覧ください。

http://asadasuguru.com/thirdbook3
パスワード：fleming3routine

どれも本書をより深く理解し、着実に実践し、
継続して習慣化するためのパワフルな内容です。

どうぞお役立ていただければ幸いです。

装丁●上田宏志（ゼブラ）
本文デザイン●高橋明香（おかっぱ製作所）
イラスト●たつみなつこ
編集協力●山田由佳・株式会社ぷれす
編集●平沢拓（サンマーク出版）

著者

浅田すぐる（あさだ・すぐる）

「1枚」ワークス（株）代表取締役。

□お客様にうまく「伝わらない」がために、仕事で成果が出せない。
□社内の人に「伝わらない」がために、希望の評価につながらない。
□「伝わらない」がために、転職・独立がうまくいかず、理想の人生が歩めない。

こうした不本意な思いをしているビジネスパーソンに「伝わった！」という成功体験をしてもらうべく、「思考整理」「コミュニケーション」「わかりやすい説明」をテーマにセミナーや研修、講演などを行っている。


愛知県名古屋市出身。旭丘高校、立命館大学卒。在学時はカナダ・ブリティッシュ・コロンビア大学留学。トヨタ自動車（株）入社後、海外営業部門に従事。米国勤務などを経験したのち、6年目で同社の企業ウェブサイト管理業務を担当。「伝わるサイト」へのカイゼンを実現し、企業サイトランキングで全業界を通じ日本一を獲得する。その後、日本最大のビジネススクールである（株）グロービスへの転職を経て、独立。現在は、独自の教育プログラムとして“-「伝わる」思考×「1枚」の型 -1sheet Frame Works”を開講。人気講座となっている。

ともすると退屈になりがちな「当たり前だけど大切な基本」の説明を得意とし、そうしたテーマに「これまでありそうでなかった切り口」から光を当て、新たな「気づき」が得られるような機会を提供している。

受講者数は4年で5,000名を超え、アンケートは毎回95％以上が高評価を示すなど、人気講師として活躍。そのユニークな内容に「目からウロコが落ちた」「ほかの研修とは次元が違う」といったコメントが相次ぎ、実践者からは「プレゼンで累計1億円以上受注しました！」「100％希望通りの条件で転職できました！」「念願だった独立が実現しました！」など、数々の感謝の声が寄せられている。

シンプルな「動作」の組み合わせだけで体系化された独自の手法:「1枚」フレームワーク®の一端をまとめた著書『トヨタで学んだ「紙1枚！」にまとめる技術』（小社）は、デビュー作ながらビジネス書の月間ランキング日本一・年間4位・世界5か国翻訳出版という異例続きのベストセラーとなった。

公式ウェブサイト　http://asadasuguru.com

「いまの説明、わかりやすいね！」と言われるコツ

2017年 4 月 5 日　初版発行
2017年 5 月20日　第4刷発行

著　者　浅田すぐる
発行人　植木宣隆
発行所　株式会社サンマーク出版
東京都新宿区高田馬場2−16−11
(電話)03−5272−3166

印　刷　三松堂株式会社
製　本　株式会社若林製本工場

ISBN978-4-7631-3609-1 C0030
ホームページ　http://www.sunmark.co.jp